浙江省哲学社会科学规划“之江青年课题”——“祭祀政策·民间信仰·地域社会”（编号：13ZJQN026YB）研究成果之一

The Present Situation of Traditional Folk Beliefs

传统民间信仰的
现代性境遇

张祝平 著

暨南大学出版社
JINAN UNIVERSITY PRESS

中国·广州

图书在版编目（CIP）数据

传统民间信仰的现代性境遇／张祝平著．—广州：暨南大学出版社，2014.6
ISBN 978－7－5668－1144－8

Ⅰ.①传…　Ⅱ.①张…　Ⅲ.①信仰—民间文化—研究—中国
Ⅳ.①B933

中国版本图书馆CIP数据核字（2014）第197111号

出版发行：暨南大学出版社

地　址： 中国广州暨南大学
电　话： 总编室（8620）85221601
营销部（8620）85225284　85228291　85228292（邮购）
传　真：（8620）85221583（办公室）　85223774（营销部）
邮　编： 510630
网　址： http：//www.jnupress.com　http：//press.jnu.edu.cn

排　版： 广州良弓广告有限公司
印　刷： 广东广州日报传媒股份有限公司印务分公司

开　本： 890mm×1240mm　1/32
印　张： 8.5
字　数： 210千
版　次： 2014年6月第1版
印　次： 2014年6月第1次

定　价： 28.00元

自　序

一

民间信仰在我国的传承发展已有数千年的历史，其信仰精神和生活理念早已深深地植根于广大民众的内心深处。然而，对于什么是民间信仰，至今还没有一个为各界所普遍认同的概念界定。有人说，民间信仰之于中国的老百姓犹如"鱼之于水，日用而不知"。我们经常在做、经常在说、看似非常明白的事情，一定要问它到底是什么，往往还真的不容易搞清楚。民间信仰就是这样，数千年来，也还没有一个为大家所共认、共用的定义，但确实也不影响它的传承和发展。而今天，我们要谈民间信仰的管理，则必须对它的基本的概念内涵与外延有一个界定。对于同一概念，基于不同的学科和视角会有不同的解读。就民间信仰而言，最主要的有三个视角：一是政治意识形态的视角，二是民俗文化的视角，三是宗教的视角。基于政治意识形态的视角，我们认为民间信仰是一种处于社会底层的、相对保守落后的、非主流的，甚至在一定程度上有碍于主流意识形态传播和社会进步的观念。基于民俗文化的视角，我们认为民间信仰是一种具有较强的宗教色彩的信仰习俗，或者说是以鬼神信仰为核心的民间仪式或民俗活动。而基于宗教的视角，它则是一种具有鲜明的地域性特征和民俗性特征、融多重神格于一体的本土性的宗教现象（宗教形态）。

在中国传统社会，民间信仰的性质介乎宗教与风俗之

间，民俗是其最基本的载体和表现形式，而宗教性则是其本质特征。依据马克思主义经典作家的宗教观点，“宗教是那些还没有获得自己或是再度丧失了自己的人的自我意识和自我感觉”，“一切宗教都不过是支配着人们日常生活的外部力量在人们头脑中的幻想的反映，在这种反映中，人间的力量采取了超人间的力量的形式”。而民间信仰的源起、对超自然神灵的敬拜和超自然力量的推崇，无疑也是因为感到不能掌握自己的命运，从而幻化出某种外部力量作为命运的依托和精神归宿。从这一点来看，民间信仰在本质上是宗教的。①

有很多人认为，民间信仰与制度性宗教的区别是明显的，其中一个比较突出的特征是民间信仰的“多重神祇”。在此，我想谈一下自己的理解。首先，老百姓的信仰和进行祭祀通常是不辨识神灵的（或有神像，或根本没神像），所拜的对象统一称为“佛”，所谓烧香拜“佛”，老百姓只是根据自己不同的诉求去祭拜不同神职的神灵，有时也会将多重神格赋予某一神灵。所以，在老百姓的内心深处，神似乎也是只有一个的，或者说其他的神灵存在也只不过是民众内心中万能之神的神格衍生。此外，就某一特定地域而言，民众世世代代所供奉之地域性神灵是相对唯一和独立的，比如，近山者拜山神，近海者拜海神。所谓民间信仰体系中的多神实际上是民间信仰鲜明的地域性特征的体现，或者说是农耕社会老百姓生活、生产经验所致。

对民间信仰和迷信进行区分，实际上很难，因为两者确实是相伴相生、杂糅为一体的。不过，两者还是有一些界限的。比如牟钟鉴先生在《宗教·文艺·民俗》一书的自序中所提到的，健康的民俗信仰活动与封建迷信的区别不在于是否崇拜神灵，而在于：第一，是否有益于身心健

① 张祝平：《民间信仰的构成特征》，《中国民族报》，2013年9月24日。

康和社会进步；第二，是否能丰富文化和美化生活。[①] 这两条标准我觉得很有借鉴意义。牟先生同时强调："我们必须把封建迷信的界定严格局限在借鬼神之道骗钱害人、阻碍科学、妨害生产的范围之内，而不能任意扩大化。……如果神道果能设立教化，醇厚民风，充实生活，调节情感，不妨加以保留，然后通过改良的方式移风易俗，而无须大破大立。"[②]

二

依据我有限的观察，当下我国民间信仰的发展呈现出了以下十个特征和趋向：①信众群体庞大，难以确定其数，信众结构趋于复杂；②信仰场所增多，庙宇建筑规模越来越大；③信仰组织形式多样，总体趋于规范，乱象仍存；④信仰文化经济化，民间信仰神圣性有所消退；⑤主动贴近主流话语，谋求合法性意愿强烈；⑥民间信仰传统出现三足鼎立格局，传统民间信仰在这一格局中多处于守势；⑦民间信仰活动呈现"高端化"发展态势，加重了农民的负担；⑧"80 后"群体对民间信仰的态度趋于淡漠；⑨民间信仰呈过度娱乐化倾向且渐突出；⑩出现了新的信仰形式，具体表现为对革命领袖和人民英雄的神灵化、对"吉祥数字"等的无比推崇和痴迷、现代信息技术对民间信仰活动的推波助澜等。[③]

由于"现代性"对中国传统文化的深刻冲击和唯物主义文化价值取向的牵制，以及我国民间信仰活动管理政策、

① 牟钟鉴著：《宗教·文艺·民俗（自序）》，北京：中国社会科学出版社 2005 年版，第 4 页。

② 牟钟鉴著：《宗教·文艺·民俗（自序）》，北京：中国社会科学出版社 2005 年版，第 4 页。

③ 张祝平：《民间信仰的新动向》，《中国民族报》，2014 年 3 月 27 日。

法规依据不足等，民间信仰长期处于“欠合法”状态。总体来看，在当下，我国民间信仰的社会功能和社会影响呈现弱化之势，表现在：一是信众层面，精英对此不屑，底层或趋于信仰淡漠或为基督教所吸引；二是场所层面，或纳入宗教场所，或纳入旅游景点；三是政府层面，去神化力量强大，信仰淡出，导致形式难以维系，无神将也无形；四是民间信仰终究是农业社会的产物，现在的坚守者多数也还是以家耕为主的农业生产者。随着城市化的推进、传统价值观的没落，若不加以适当引导和保护，估计将会逐步消逝。

三

党的十八届三中全会开启了新时期全面深化改革的新征程，提出了完善和发展中国特色社会主义制度、推进国家治理体系和治理能力现代化的改革总目标。从历史的经验来看，无论是从加强社会治理创新的角度，还是从促进宗教生态平衡、保护和发展民族文化传统、促进乡村民众精神生活等方面来看，正确看待民间信仰问题、规范引导其有序发展都是有重要而深远的意义的。

其实，在面对和接受“现代性问题”的深刻挑战的生产、生活实践中，人们也已强烈地感受到，我们需要营造自有的精神家园，需要重新找回丢失的精神。在此过程中，应加强民间信仰和民俗文化基础知识、基本理念的普及，客观、理性地看待民间信仰问题，正视其文化价值和社会意义，营造宽松的信仰文化氛围。着眼现实，随着清明、端午、中秋等传统节日被纳入国家法定节假日，我们迫切需要加强对这些传统节日内在精神的解读和宣传普及，使当代人理解和重视这些传统节日的内涵，并以此为平台和载体，让人们努力找回丢失的精神和力量。[1] 从社会控制层面来看，则要推进政府管理走向政府治理，深化政府治理变革，完善公共文化服务供给，创新规范和引导民间信仰和谐发展的体制机制。比如：坚持依法治理与积极引导并重的原则，建立民间信仰活动与社会行为的规范机制，以及权责明晰、运行协调的管理组织；坚持把握好社会主义主流文化和民族文化多样性的关系，积极倡导多元文化的融合，建立民间信仰文化与社会主义主流意识形态协调运转的机制；坚持分类指导和属地管理原则，建立民间信仰社会功能的合理利用和转换机制，以及民间信仰文化的合理保护与开发机制等。而对于民间信仰中的迷信成分，我们既可以通过政策进行引导和规范，也可以通过再阐释进行语义转换，使其语用学价值最大化，成为建设和谐社会的文化资源。[2]

本书主要通过对较多村庙个案及其信仰活动的田野式体验来勾画我国乡村，特别是江浙沿海一带乡村民间信仰的一般形态。在调查研究时所总结出来的村庙及以此为中心的信仰活动的共性只是一种“理想类型”，并不具体指向某一座村庙。本书的主要任务不在于详细描绘某一信仰场所、信仰活动、信仰组织、信仰群体或其中某一具体要素，而在于从民俗文化发展、民族文化和地域文化传承等较宏观的理论上，多层次、多视角和动态地考察民间信仰与地方社会互动的发展阶段、类型特征和社会功能；并试图通过若干典型个案来探讨现代性与传统性的关系，阐释传统民间信仰与现代社会的矛盾冲突及其生长空间、存在价值和发展道路，改变那种传统民间信仰即愚昧落后思想与现代社会和现代文明格格不入的片面观念，以利于弘扬和谐、

① 张祝平：《论民间信仰的文化力》，《中国民族报》，2013 年 6 月 24 日。
② 张祝平：《论民间信仰的文化力》，《中国民族报》，2013 年 6 月 24 日。

包容的民族文化精神，增强民族文化影响力。当然，本书仅是一个初步的探索，对于现代社会中民间信仰现象的解释和相关问题的分析也是粗浅的，在今后的研究中还需要更多地汲取本领域专家学者的研究经验和成果精髓，站在更高的层面来进一步关注和深入思考中国传统民间信仰和现代社会发展这一重大命题，为民族民俗文化传承和民众精神家园建设贡献一点养分。为此，真诚期盼大家能多提意见，给予帮助和指导。

张祝平

2014 年 3 月于杭州

目　录

第二编　民间信仰与乡村社区公共生活

第三编　民间信仰的现代性转型及其可能

第五编　宗教生态和谐与民间信仰生态化

第一编 地域社会变迁与民间信仰

第一章　信仰、庙会与地域社会的互构

——浙西南地区庙会习俗的历史演变及其特征考察

浙西南，今丽水市所辖地域，古为处州，又称栝苍。“往称海内十大洞天，栝苍其一也。……是在浙江南鄙，接壤闽中，北界台、婺，东引瓯、越，西交三衢（信安、龙游、江山），万山中一都会也。因地控阨，都成险阻，诚为四塞之国矣。”① “隋开皇九年，处士星见于分野，因置处州”②，迄今已有 1 400 多年的历史。据考古发现，早在 4 000 多年前，处州大地上就有人类活动的足迹。然而，“惟处之重岭叠巘，清流激湍，较他郡为最险，亦最奇”③。由于地理条件的制约和交通的阻碍，又长期处于偏离政治文化中心的边缘地带，崇尚鬼神巫术之风不免尤甚。对此，古籍中也有不少的记载：“惟俗佞鬼尚巫，相沿积习牢不可破。符箓轮回之说众口艳称以为美谈，士庶家每朔望早起盥洗毕即携冥镪楮币，遍礼各祠宇，至闺中妇女其信啫尤笃，逐群联会庄，诵婆罗洵，结习之不可解者。”④“信鬼尚巫，虽士大夫之家亦不免。”⑤

庙会是因庙有会，庙却是因山而置。庙的最早形态未必就是成形的建筑，更不可能是如今天一般众多规模宏大或气势非凡的宫殿。据有关资料记载，上古时期，江南一带的人们祭拜黄帝，都在仙都苍龙峡口的鼎湖峰脚下。到

---

① 见何镗纂修：《栝苍汇纪》。

② 见明代《名胜志》。

③ 见《雍正志》。

④ 见《雍正志》。

⑤ 见《光绪缙云县志》卷一四《风俗志》。

图 1－1　浙南 Z 村山庙中村民制作的鬼神偶像或化身

晋代，在此建“缙云堂”以供奉祭祀。从此，缙云一带便成为黄帝文化的一个圣地。黄帝文化的盛行逐渐孕育出了重要的宗教民俗信仰活动——祭祀黄帝典礼。最迟至唐天宝年间，祭礼由民间联合族祭上升为官方祭祀，每年清明、重阳官民共祭，在此期间举行大型民间文艺表演活动。如今，黄帝祭典已成为浙西南民众和华夏儿女重要的文化盛事，并形成了地域特色浓厚的民俗文化景观。2011年5月，缙云轩辕黄帝祭典被国务院列入第三批国家级非物质文化遗产名录。与此同时，张山寨“七七会”和常见于庙会表演仪式中的“叠罗汉”也被列入第三批国家级非物质文化遗产名录。

至今，丽水还有遂昌昆曲“十番”、青田鱼灯舞、畲族“三月三”等与庙会相关的民俗事项被确定为国家级非物质文化遗产，有道惠夫人会、菇神庙会、太平庙会及炼火、畲族祭祀仪式、钢叉舞、处州板龙、丽水吹打、青田百鸟灯舞、迎关公案、遂昌台阁、茶灯戏、菇民戏等近20项庙会活动以及与庙会相关的民俗事项被确定为省级非物质文化遗产，更有一大批庙会活动被确定为市级、县级非物质文化遗产加以保护和开发利用。庙会及相关民俗活动的兴盛，无疑是浙西南地区的一大传统文化特色，并且在与现代化的互动融合中，仍在不断演变、不断丰富、不断发展。

一、庙会的源起与形成

庙会，一般而言，就是因为庙而形成的具有一定仪式等特定内容的聚会，或者说是围绕着庙宇而发生的群体性信仰和仪式活动，其实质在于民间信仰，其核心在于对神灵的供奉。从庙会的表现形式来看，它既可以是一种很大规模的、涉及广泛区域和民众群体的信仰与仪式活动，也可以是某个村域或者某个家庭的祭祀仪式活动，然而所有的仪式和文娱表演等都应该是围绕某一神灵信仰和祭拜活动展开的。因此可以说，庙会的历史，其实就是民间信仰的历史。

图 1－2　浙南、闽东一带山区多木拱廊桥

（风水和祭祀是传统廊桥的两大基本功能。建桥选址大有讲究，桥上设有神龛，供奉神像，桥头也多设有供信众烧香燃纸敬神的场所。）

从庙会的源起及发展演变过程来看，它与远古时代的宗庙社郊制度——祭祀是分不开的。早期祭祀的对象主要是祖先和自然神，“灵魂不灭”观念是其思想基础，即原始先民们始终坚信先祖死后仍在另一个世界继续生活，灵魂不死，当然也包括相信其他各种神灵的存在。而且，人们还相信，人与各种神鬼之间是可以沟通的，庙会则成为先民们与自然之间、与先人之间、与神灵万物之间，以及与他人之间的一种群体性的特殊对话方式，并通过多种多样的行为方式和程序仪式来营造浓厚的氛围而实现。于是，祭品与牺牲成为庙会中至关重要的“硬件”，祭礼与仪式成

图 1－3　浙南缙云仙都的皇帝祠宇

（缙云是我国“南方黄帝祭祀中心”和“南方黄帝文化辐射中心”。缙云祭祀黄帝历史悠久。上古时期，江南一带的人们祭拜黄帝，都在仙都苍龙峡口鼎湖峰下。到晋成帝咸和年间，便在此建“缙云堂”。1994 年，当地政府决定在原址上重建黄帝祠宇。1998 年，缙云仙都黄帝祠宇新建落成，并恢复了每年重阳节与清明节公祭、民祭黄帝活动的传统，形成了定制，吸引了众多华夏儿女前来瞻仰、寻根。）

为庙会中的“软件”，庙会中的巫（也即今日之道士或法师）直接扮演着神使的角色，导演着庙会的各项活动，并成为人神沟通的重要枢纽。[①]

庙会是以具体的神灵信仰和祭祀仪式表现出来的，但它在发展中，又与政治、经济、文化及自然生态等诸多因素相伴相生。在人类社会的各个形态发展过程中都存在着一个由简单到复杂、由低层次到高层次渐次演进的规定性，庙会也是如此。随着商品经济的发展和人们生产、生活物资交流需求的扩大，庙会在保持祭祀活动的同时，逐渐融入集市交易活动。“至南北朝时，统治者信仰佛教，大造寺庙，菩萨诞辰、佛像开光之类盛会乃应运而生，商贩为供应游人信徒，百货云集，遂成庙市。”[②] 庙会逐步成为中国市集的一种重要形式。之后，为增强庙会的吸引力和促进人神沟通，人们又在庙会上增加各种富有地域特征的文娱活动，娱神娱人。这样，庙会也就从单一的宗教祭祀转向了集祭祀、娱乐、贸易、交流等元素于一体的文化形态，并具有了更大的民间性，成为中国乡土社会不可或缺的民俗文化活动。据相关资料显示，到唐代社会，庙会经过了漫长的发展和演变，在祭祀神灵的礼仪和娱神艺术、贸易对庙会的固定作用和促进作用，以及促进人际交流等方面，都表现出成熟的内质。[③] 这时，无论在城市还是在乡村，庙会都得到比较充分的发展。在处州，唐天宝七年（748 年），唐玄宗李隆基敕改缙云山为仙都山，地方官员奉旨扩建黄帝祠宇，把民间联合族祭黄帝的形式上升为官府祭祀，每年清明、重阳官民共祭，并由此形成了“北陵南祠”这一

① 参见高有鹏著：《庙会与中国文化》，北京：人民出版社 2008 年版，第 8 页。

② 转引自方龄皖：《穿越一甲子老庙会重现》，《三峡晚报》，2013 年 1 月 25 日。

③ 李琤编著：《庙会》，长春：吉林文史出版社 2010 年版，第 42 ~ 43 页。

祭祀中华民族人文始祖——黄帝的格局，盛况空前，现尚留存殿中侍御史韦翃、括州刺史李季贞、户部员外郎张鹭等所作的《仙都山铭》祭文。据史料记载，唐代时，在现丽水市区梅山一带建有处州孔子庙，韩愈曾为它写了《处州孔子庙碑文》，可见其在当时影响之大，庙会活动自然也是非常兴盛的。

图1-4　壶镇庙会

（浙南古镇——壶镇庙会众多，较有影响的如：农历正月初八宫前村迎胡相公，外前村迎白衣丞相；二月初二水口中村迎娘娘；五月十三金竹村迎关公；六月初六岩背、桂村迎朱相公；七月初七前村迎三太祖王达；七月初七和十月十日献山庙迎陈十四娘娘；八月初九胪膛、靖岳村迎胡相公；九月十四横塘岸村迎胡相公；九月初十赤岩山迎“三将军”；十月十五日县城迎城隍。其中又以赤岩山、献山庙和城隍庙会最为隆重，方圆数里乡村组队送案，多时达三四十支队伍。庙会上的集市活动也多，热闹非凡，常有万人赶大集的场面，沿袭至今。）（图片来源：丽水网）

另据唐代文学家段成式《酉阳杂俎·前集》卷九《盗侠》中的记载：

韩晋公在浙西时，瓦官寺因商人无遮斋，众中有一年少请弄阁，乃投盖而上，单练（髟屈）履膜皮，猿挂鸟跂，捷若神鬼。复建罂水于结脊下，先溜至檐，空一足，欹身承其溜焉，睹者无不毛戴。①

《盗侠》中的这一段文字记述，不但叙述了无遮斋是商人主持的庙会，而且很详细地记录了当时浙西南一带庙会上的民间文娱表演场景。这也表明，这一时期处州庙会已基本成形并具有了一定的规模和影响。

二、佛、道教的兴起与庙会的发展

图 1－5　浙南龙泉清修寺

［位于龙泉市城区北隅安清山麓，该寺初为道场，后晋天福九年（944 年）开山建基，名清修讲院。明正统乙丑年（1445 年）改称清修寺。“清修寺”三字为原中国佛教协会会长赵朴初先生所题。］

---

① 见段成式：《酉阳杂俎 · 前集》卷九《盗侠》。转引自谢重光：《唐代的庙市》，国学论坛网，http：//www. zbjn. com/show. aspx？ id = 3181，2006 － 05 － 20。

庙会风俗与佛教寺院以及道教庙观的宗教活动有着密切的关系，同时它又是伴随着民间信仰活动而发展、完善和普及起来的。① 在浙西南一带，秦汉时期就有原始宗教活动，道教、佛教历史悠久，影响深远。据史料记载，秦汉时，景宁县境内已有原始宗教方术白鹤仙、卢相公活动；汉代，境内已有方术道人活动。三国时期，道教、佛教传入或影响丽水，南朝时遍布全境，唐朝时达到鼎盛，五代、宋代时延续发展，元、明、清以来，则均在不同程度上受到抑制，当然历代也有兴衰，寺院宫观随之屡经兴废。②

清光绪年间处州寺观数量统计一览表③

县别	寺观总数	至清朝还在的数量	至清朝已废的数量	可查的始建朝代								
				三国	南朝	隋	唐	五代	宋	元	明	清
丽水	72	68	4	1			19	15	13		3	
青田	63	63					20	2	19	7		
缙云	63	48	15		1		14	19	12	2	2	1
松阳	57	41	16		11	2	7	7	8	5	1	
遂昌	61	59	2		4		14	10	6	6	4	3
龙泉	67	63	4				2	2			1	1
庆元	86	84	2		1		9		15	3	16	5
云和	52	52					9	4	6			1
宣平	75	73	2		1		6	2	5	13	12	9
景宁	33	31	2				8		2	1	2	1

① 《与佛教、道教有关的社会风俗》，农村信息网，http：//12582. 10086. cn/main/News/Detail/7763905，2008－09－02。

② 参见《丽水市志·宗教》(送审稿)。也可参见袁占钊等编著：《处州文化史》，杭州：浙江古籍出版社 2010 年版，第 140～144 页。

③ 据清光绪三年《处州府志·古迹志·寺观》统计。参见《丽水市志·宗教》(送审稿)。

三国时期，佛教开始传入丽水境内。吴赤乌元年（238年），莲都始建普慈寺，缙云建广严寺。此后，佛教文化如滔滔江水般涌向处州大地。伴随着佛教教义的传播，佛寺广筑，遍布全境。据清同治年间《丽水县志》载，仅处州域内旧丽水县（今莲都区）就有寺庵61处，其中以普慈寺为最早，唐建16处，五代建17处，宋建3处，元建2处，明建2处，建筑年代无考的10处。其中处州府城区范围内较有影响的有城北普慈寺、天宁万寿寺、城北寿元山下寿宁寺、囿山南麓法海寺、白云山福林寺、城西南悟空寺、南明山仁寿寺、城东洞溪广圣寺、城西北三岩寺、城东灵鹫寺、万象山崇佛寺、城东下河门四果庵、虎啸门外大觉庵等。佛教传入并日渐本土化，使庙宇如雨后春笋般林立于处州大地，同时也留下了许多神奇的传说。于是，崇佛庙会应运而生。这一时期，道教也传入丽水并逐步壮大，佛、道之间展开了激烈的生存竞争。唐宋时期的经济高速发展，道教、佛教都达到了发展的高峰。道教文化由于其土生土长的特性，再经过帝王们的倡导，于是更迅速地繁盛起来，特别是在丽水还有葛洪、陆修静、孙游岳、陶弘景、叶法善、刘处静等道教名士在此传教布道，道观兴建愈见增多，名声远播，并影响遐迩。老君庙、龙兴观、黄灵观、紫虚观、崇道观、祥应观、祥禧观、紫极寿光宫、太虚观、永宁观、鲍家神洞、缙云山等盛极一时，并影响至今。还有各地的龙王庙、土地庙、城隍庙、关帝庙、娘娘庙、圣母庙、夫人殿等，数不胜数。这些宫观庙宇为处州庙会的繁荣发展奠定了基础。考察这一时期的史志资料，不难发现，各地在举办各种庙会的过程中都煞费苦心地创造出一系列具有浓厚宗教色彩的活动，比如水陆道场、坛醮斋戒、神诞庆典等，名目繁多却都通俗热闹、不拒俗众，即使是神秘庄重的宗教祭仪等活动，也掩盖不住媚众之欢娱。也正因为如此，善男信女们趋之若鹜，乐此不疲。据

有关资料显示，在佛、道传播早期，僧人、道士常常会以主动走到民众中间去的方式以争取信众，扩大影响，比较典型的如佛教的“行像”活动[①]。

图1－6　应星楼

[位于浙西南中心城市——丽水市瓯江边，对岸为浙南道教名山——少微山。据《处州应星楼记》记载，古应星楼群最初是由宋嘉祐年间（1056—1063年）郡守崔愈始作石堤时所建，就桥立屋，建于应星桥上。而后，据《处州应星楼记》记载，由于“时迁岁久，

---

① 参见李琤编著：《庙会》，长春：吉林文史出版社2010年版，第42～44页。所谓“行像”活动，是指把神佛塑像装上彩车，在城市街道上巡行的一种宗教仪式，如同今日庙会中常见的“游神巡境”，只不过当时的“行像”主要是作为扩大影响、争取民众的一种手段。而后来“游神巡境”作为庙会中的一种重要的宗教仪式活动，则主要是为了满足本地域范围内民众祭拜的需要。

雨剥风颓，卑陋无以壮水口”，南宋开禧三年（1207年），郡守王庭芝在应星桥头边上“撤旧图新，敞以高楼”。后又经数次重建重修。1944年日本侵略军第二次占领丽水期间，被日本兵烧毁。2008年6月18日，丽水市在应星楼原址前移150米处动工兴建现应星楼，2010年建成开放。]

文治是宋代的一个重要特征，民俗文化也表现得异常繁荣。在宋代的庙会中，各种瓦舍勾栏、鼓乐社火，各类民间戏剧演出非常盛行，使庙会的民间娱乐性进一步加强。同时，在这一时期，原本属于民间信仰的祭祀神灵活动，也纷纷与佛道神灵相结合，在佛道二教的各种庆典活动中，民间各种社会组织也主动前往助兴。如此，各地各类寺庙、道观等场所就逐渐成了以宗教活动为依托的民众聚会的场所，庙会活动及其他各类宗教活动随之进一步世俗化，越来越多的庙会及宗教活动由民间俗众出面协商举办。这就进一步增加了庙会等宗教活动的吸引力和娱乐性，商贸气息也相应增加，形成了宗教与民俗“风助火势、火助风威”相得益彰的局面。事实表明，佛与道或分庭抗礼，或相互渗透，使庙会文化更加丰富多彩，蔚为大观。[1] 在浙西南，源于萧梁年间的双龙庙会在发展至今的1 500多年来，特别是自宋代以来不断融入地域民俗，丰富内容、创新形式，以颂先贤、庆丰收为主题的文化娱乐活动现已成为当地一道独特的人文风景。无独有偶，始于宋末元初的阜山庙会也是浙西南历史最为悠久的庙会之一，迄今一直留存着处州大地的风土人情、传统习俗和历史文脉，见证了处州的经济社会和政治文化的变迁，也承袭了处州人民的山水情怀和生活情趣。

明清时期，小商品业与手工业的高速发展，刺激了生

① 傅功振：《关于春节文化核心价值观及其走向的思考》，国务院参事室门户网，http：//www. counsellor. gov. cn/Item/9232. aspx，2011－07－18。

产力的发展，更促进了庙会中贸易活动的进一步繁荣。在这一时期的庙会中，寺庙已经成为街巷艺人的舞台，杂耍乐舞等演出活动也更多地汇入其中，参与者越来越多，商贸活动也越来越繁荣。尤其是到了明中后期，庙会的宗教色彩渐趋淡化，物资交流和经济贸易的分量越来越重。关于这些，我们经常可以在明清时期的一些小说、诗词等文学作品中看到。比如，汪逸所作的《城隍庙市》中就有这样的描述：

衢巷气蒸纷骛走，殿庭香绕吻鸱含。官虽屏从犹遮扇，客匪祈神亦住骖。廓庑肯容存隙地，工商求售厌空谭……行丐酡颜疑魃蜮，募僧黄面比瞿昙。摩肩迳窄恒如仆，触鼻尘污似若甘……①

图 1－7　庙市上的农资交易

普慈寺庙会曾是浙西南地区发端最早、最有影响的庙会。据相关资料显示，建于吴赤乌元年的普慈寺在当时是浙江省三大名寺之一，其建庙时间比杭州的灵隐寺还要早 88 年。普慈寺观音庙会活动富有民族特色和地域特色，至明清时期，已发展成为“既是一场佛事活动，也是群众性文化娱乐的大检阅，同时也

① 汪逸：《城隍庙市》。转引自高有鹏著：《庙会与中国文化》，北京：人民出版社 2008 年版，第 45 页。

是物资交流，活跃城乡经济的大平台”①。普慈寺举行庙会活动的时候，“寺外沿路各村都搭帐篷竹棚，万商云集，酒店、菜馆、饭庄顾客盈门，烧饼、油条、馄饨、茶摊、鲜花、纸花等摊贩紧紧相连。土布绸缎、被枕百货、面北果品应有尽有”②。再如，源于宋时、兴盛于明代的遂昌七月会，庙会期间，远近亲友及来自四面八方的游客都来赶会，家家户户祭品满桌，宾客相聚，“阡陌道路，人流接踵，晚间看戏，欢情倍增……商贾走贩毕至，贸易十分活跃”③。

最迟到清代末年，“庙会”、“庙市”几乎已无区别，所指已经都是一回事了。只不过，因为城乡商业的繁荣，往常按月举行的庙市在各地逐渐减少，多数改为依托节日举行。而之前主要依托宗教节日举行的庙会则大多集中在春秋两季，比如春节期间、农历三四月间，或夏耘秋收之间，农历七八月份的相对农闲时间。民国时期的庙会与清代晚期大致相同，实质上没有什么差别。科学和民主思想的勃兴，汇聚新的思想文化潮流，在庙会中也有一些反映，但由于特殊的社会历史背景，它并没有成为民俗文化发展的主流。当然，这一时期的战争、各种自然灾害等在庙会仪式和表演中也有不同形式和不同程度的体现，并影响着

图 1－8　庙会上最多见的香火烛市场

① 潘力峰主编：《丽水民俗活动大观》，北京：中国文史出版社 2010 年版，第 30 页。

② 潘力峰主编：《丽水民俗活动大观》，北京：中国文史出版社 2010 年版，第 30 页。

③ 转引自蓝春晓：《遂昌民俗“秋赛会”》，《文化交流》2008 年第 7 期。

庙会的发展变化及其具体内容的改造。

新中国成立之初，党和政府非常重视这一传统盛会，但庙会的内容与形式已经有了很大改变，特别是加强了商贸、文娱游乐等活动。也有许多庙会被完全改造成了物资交流大会，其中的民间信仰成分得到了清理和引导。据唐宗龙先生回忆，在新中国成立之初的1950年，丽水城区还举行过大规模的“太保庙会”：

> 在农历庚寅年“太保庙会”的前一天（1950年4月18日），太保庙要举行习俗相沿的“判官巡道”，判官是由人装扮的，巡道队由卫护边走边鸣锣，把次日太保老爷所要经过的街道先行巡游一遍，其意思一是“清道”，二是通告沿街住户摆香案设祭。是晚，太保庙内则为次日的庙会做好队列安排等有关事项，而庙外的民众则为摆设香案先行备好案桌、香烛、斋菜等祭品，而最忙碌的则是“太保庙会”下属组织“七星会”和“皂隶会”的成员。
>
> ……三月初三这天，附近乡村的人都纷纷赶到城里观赏一年一度的“太保庙会”，有些较远的乡村民众，还翻山越岭于初二挑些土产到城里投亲靠友住宿一夜，把土产给些亲友，大部分于次日上市出售，因为丽水的市集日是每个农历月的逢三逢八，三月初三正好也是市集日，是日既可赶市售货购物，又可观赏盛大的庙会，确是一举多得的乐事。①

但自1957年以来，国家宗教政策呈现出“左倾化”，特别是中共八届十一中全会后，国家开始对宗教采取破“四旧”政策，提出“彻底消灭一切宗教”、“解散一切宗教组织和宗教团体”、“取缔宗教职业者”、“彻底捣毁一切教

---

① 唐宗龙：《丽水的三月三“太保庙会”》，《栝苍史志》2009年第2期。

堂寺庙”等，这一期间庙宇和神像被毁，庙会活动受到了前所未有的冲击。如今在新的形势下，发展保护文化遗产、发展旅游事业、活跃民众文化生活、挖掘文化价值资源的传统庙会改造和建设活动得到有益发展。在浙西南，各种各样的庙宇和庙会的恢复与再造，既使古老的民俗文化得以有效传承，在一定程度上激发了千百万民众昂扬的爱国、爱家乡、爱民族的热情，凝聚和整合了社会力量，又活跃了广大民众的文化生活，促进了地方经济贸易活动，产生了良好的社会效益和经济效益，有的庙会还在全国范围甚至国际上产生了影响。

图 1－9　太保庙弄

（1986 年版《丽水地名志》载：“太保庙弄、巷，在囿山西，其巅原有忠靖王庙，俗称太保庙，建于清乾隆年间，祀唐平阳温琼。……巷以庙取名。”）

三、庙会的基本特征及表现形式

作为社会民俗文化形态的庙会，往往标志着某一时期或特定地域的社会特征。换而言之，不同社会形态、不同地域条件下的庙会是有其不同的特征的。总体来看，庙会具有比较突出的地域性特征、时节性特征、群体性特征和宗教神秘性色彩。

（一）地域性是庙会文化最为显著的特征

图 1－10　坐落于景宁县鸬鹚乡的马氏天仙祖殿

这在很大程度上源于生活在不同自然环境中的民众对于神灵需求的差异，传统农耕社会，“靠山吃山，靠海吃海”，所以近山者敬“山神”，近海者敬“海神”，于是在沿海一带孕育出妈祖崇拜，在浙西南龙庆景一带形成特有的菇神崇拜也就不足为奇了。同时，我们还要注意到特定地域还是民众自我认同和产生某种心理归属感的重要界限。在乡民看来，不仅此地的一草一木、一砖一瓦具有神圣的特征，这里的一切都沐浴着神性的光辉。比如，胡则①出生于今永康、缙云一带，因为官清正廉明，所到之处，政绩斐然，恩泽于百姓，两地民众为纪念他，“多立祠祀之”，称之为胡公大帝，每年举办庙会。又如，传说蔡相由外乡来到遂昌，住在遂昌九龙山脚，以背运木材为生，虽然贫穷，却为人正直，常为当地乡民打抱不平，人们有什么困难，他都倾力相助，在村里地位很高，故其“殁而为神……乡人立庙以祀。每逢立秋后第一个辰日，举行祭祀，渐成庙会”②。再如，在浙西南的景宁、云和、龙泉、庆元、青田等地，乡

① 胡则（963—1039 年），初名厕，字子正，一说永康胡库人，一说缙云人。可参见《胡则》，“搜搜百科”，http：//baike. soso. com/v260959. htm。

② 清光绪版《遂昌县志》。

间广泛传唱着记载马天仙传闻事迹的《马佛经》。

马佛经

马氏原来亦凡人　雾溪平阳岗村人
之后迁到鸬鹚[①]去　驾鹤成神上天庭
有年番边大造反　马氏作法仙术精
打得番边番王败　国家百姓享太平
经过唐王亲察访　才知马氏是仙灵
唐王重赏厚封敕　护国救民马佛人
马氏娘娘功劳大　为国爱民一心诚
千呼万唤声声应　收妖捉鬼次次赢
连念三遍马佛经　全家平安万事兴
天昏地黑四沉困　马佛殿内放光明
头顶红云灵光显　脚踏莲花行成功
天旱之时云行雨　天雨之时日放晴
一年四季风雨顺　万民百姓乐康宁

前文所述种种表明，神灵传说及其神秘性意义应该是与庙会的信仰传播功能密切联系在一起的。也正是从这一意义上说，庙会的地域性特征除了体现在地方性神作为保护神和监护神的方面，还集中地体现在降福纳祥的美好愿望上。此外，庙会的地域性特征还表现在其他很多方面，比如，供奉神灵与地方特色产业（或土特产）的联系，庙

① 景宁鸬鹚乡，位于浙江省景宁畲族自治县县城西部。关于马氏的身世，传说、碑文和史料记录较多，但从碑文记载看，马氏是唐朝人，原名马七娘，浙江平阳人，嫁给景宁鸬鹚人的说法较多，马氏天仙的祖庙在景宁县鸬鹚乡的说法较可信。另景宁渤海一带传说马天仙是青田县晋朝时马家人氏。东坑一带传说马天仙是山西省人，农历七月初七是她的生日。大均一带人传说马天仙是大均人，浮伞搭客是叶大郎，而不是元赛公；马天仙被封“护国马氏天仙”是因为马天仙救过在大均私访的皇帝。梧桐一带传说鲇鱼头是被马天仙踏扁的。隆川、黄口一带传说马天仙是龙泉县安仁马家人。

会的形式和内容与地方戏曲、歌舞等文化艺术传统的结合等。

（二）庙会具有一般性民俗活动的时节性特征，但阶段性更明显

庙会的时节性最集中地体现于它和农耕文化的紧密联系。浙西南各地的庙会与其他地方一样，多数都存留于乡村，庙会活动的主要参加者也大多是农民，即庙会的举办在一定意义上是为农耕生产方式和生活方式服务的。日常所见的庙会活动以春日庙会居多，正如俗语所讲，“跨入正春月，每日皆会”，这也是以我国农业生产地区所处地理位置和日常耕种的主要作物生长周期，以及特殊的社会历史条件为背景而形成的一种文化特征。春日庙会的直接意义在于：一是一年之计在于春，通过举办庙会，祈祷神灵保佑一年平安，生产丰收；二是可以通过庙会进行生产物资、生产方式及经验的交流，为春耕，也为夏收做必要的准备。故：

城乡之有会，犹江浙之有集，闽广之有墟也。三月初一、二日，北关有文昌会；初四日马坊会；十八日，南街有尘净庵会；三月十五日有城隍会；十八日有马兰镇会；二十四日，西关有插花会……①

在浙西南地区，仅缙云壶镇在正春月和春夏之间就有正月初包公殿庙会、正月十五龙灯会、二月初二水口殿庙会、二月七金钟殿庙会、五月十三关公庙会等。在浙西南也有不少庙会是在农历七八月间举办的。比如，始于明万

---

① 清道光《鄢陵县志·风俗》。可参见徐浩：《清代华北的农村市场》，《学习与探索》1999年第4期。

历年间、迄今400多年历史的遂昌石练七月会，就是在每年每逢立秋后的第一个“辰”日举行的，持续时间达半个月以上。其实，这与浙西南地区水稻每年耕种两季这一农业耕作方式有关，农历七八月恰好是农闲时间。因而，七月会“实是人们在夏耘之后，秋收之前农闲时节的一场大规模的世间文化娱乐活动，是商贾云集、买卖所需的乡村物资的信息交易会，也是家家户户亲戚朋友的团聚会”①。

图1-11 浙南遂昌“班春劝农”仪式

（这是浙南一带传统的迎春文化形式。“班”同“颁”，“班春”即颁布春令，“劝农”即以劝农事，策励春耕。自古以来，在当地任职的县级长官都要在春耕来临之际，举行鞭春礼仪，颁布春令，劝农耕作。目前，“班春劝农”仪式已入选国家级非物质文化遗产名录。）（图片来源：遂昌新闻网）

庙会的时节性或阶段性还体现在其通常会以庙宇所供奉主神的诞日或忌日为依据定期举行。因此，通常有的庙

① 《石练七月会》，新华网浙江频道，http：//www. zj. xinhuanet. com/special/2009-03/13/content_15946379. htm，2009-03-13。

一年举行一次庙会，有的庙一年可能有多次庙会。事实上，庙会还是地方社会的一种特殊节日，在许多地方，人们会把举办庙会时的家庭团圆、亲友相聚看得很重要，甚至比春节还要重要。特别是在现在的很多农村，人员流动非常频繁，或外出经商，或外出打工，或外出求学等，日常相见不易，而每逢庙会，却总能把大家从四面八方聚集起来，使之得以互相交流，促进情感融通。庙会期间，平常有纠葛的人在一起，也仿佛能尽释前嫌；庙会期间产生意外冲撞，也可能一笑泯恩仇，因为这是一个特殊的节日。

（三）群体性是庙会的又一个重要特征

群体性并非民俗文化活动的独有特征，但它是庙会区别于日常性民间信仰活动的一个重要体现。或者说，如果没有群体性，庙会也就不存在了。通常情况下，这种群体在量的规模上还会被看作是庙会影响力的标志。在浙西南，一些历史悠远的庙会，比如仙都祭典、张山寨庙会、石练七月会、庆元菇神庙会等举行时，人数都数以万计，不但有本省的，还有外省甚至境外的人前来赶会。在浙西南地区影响大、规模大、参与人员来源广泛的庙会活动之多在全国也是不多见的。这种群体性主要体现在两个方面：一个是会和社的集体祭祀组织是主持者，另一个是职业性的祭祀行为，构成

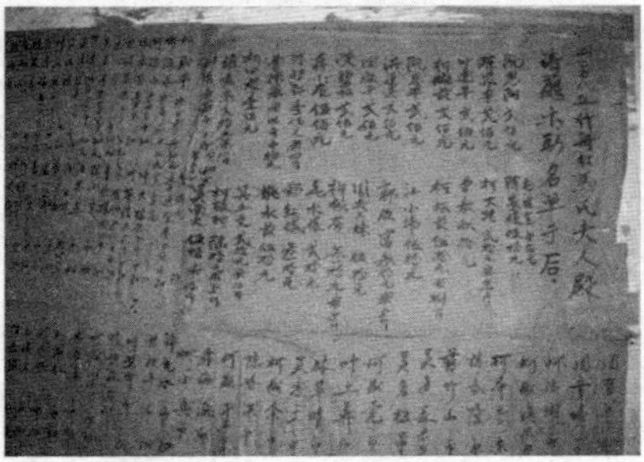

图 1－12　浙南马天仙殿（马氏夫人殿）理事会公布的2008 年清醮仪式乐助名单

庙会的集体性特征以有别于其他民间信仰等社会现象。[①] 会和社的民间组织以及村庙理事会等民间信仰组织，在今天庙会的发展中相当普遍地存在着，并发挥着重要的作用。在浙西南各地，如香火社、迎案队等在庙会期间，整队出发，以步行为主，往往还要做一些标志，有的标志是在彩旗上写着“××村××香火社”或“××会”等字样，有的则在旗上写着“朝祖进香”之类的字样，还有的在组织成员的胸前披上一个红布条以作标记。古时处州太保庙会下属的“七星会”和“皂隶会”组织庞大，成员众多，影响极大。[②] 香火会社一般由会首、会众组成。会首多是轮流，或每年轮一次，或每会轮一次。在现在的壶镇金竹关公庙会中，庙会轮值村（或会首）承担的任务也非常明确，而且很有特色。庙会轮值村（或会首）的各项准备工作主要有：

图 1－13　庙会中民间社团的祭祀活动

第一，轮值村在上一次轮值后生男孩的家庭要集资买猪头，生女孩的家庭要集资买肥鹅，交给主事人员作为祭祀关公的供品。后来演变成每一个新生男孩家庭各买一个猪头，新生女孩家庭各买一只肥

① 高有鹏著：《庙会与中国文化》，北京：人民出版社 2008 年版，第 73 页。

② “七星会”等，成员基本上由处州府城街段的店主和店员组成。每个成员必须自费置办头盔、盔甲、战袍和长枪、刀斧、长戟、钢叉、长鞭、大锤等兵器，平时这类东西都由成员们各自保存，供三月三太保出巡日装扮使用。“皂隶会”成员都是底层民众，以年富力壮的城市游民或大水门码头“埠班”劳工为主。服装为蓝色镶白边的直襟短衫，装束若戏中的丑角，以逗人戏耍。参见唐宗龙：《丽水的三月三“太保庙会”》，《栝苍史志》2009 年第 4 期。

鹅。近年又演变为每一个新生小孩家庭，不管男女，都既买猪头又买鹅。以至2010年金竹关公案祭旗时，作为祭礼的猪头和鹅，多达26副，蔚为大观。

第二，轮值村各家各户都要编扎和糊制纸马，并在迎案正日之前，抬着自己的纸马，挑着供品，先行祭拜关公，这样才能在正日下午抬去焚烧。

第三，轮值村要请戏班演戏，让案神观赏。一般要连演三到七天。①

在浙西南，有许多庙会仅局限于村域范围，围绕村庙展开，每年的庙会活动就由村里若干户轮流执首。每逢轮流到的农户主要负责提供庙会活动中众人饮食所需的物品，如大米、蔬菜、菜油、大豆及柴火等，并协助村庙理事会做一些力所能及的事情，而大部分的组织工作仍然是由村庙理事会承担。

图1－14　庙会上虔诚的信众

（这些信众不分男女老幼、贫富贵贱。）

庙会活动中还有民间鼓乐社和文艺表演队，他们的职能在于为庙会助兴，承担礼乐等具体任务，形成一种娱乐氛围，吸

① 参见麻正政：《缙云“迎案”民俗及其兴衰》，《丽水方志》2011年第3期。

引民众参与，同时也是对所供奉之神灵虔诚信仰的一种体现。在浙西南各地都有影响较大的参与庙会娱乐活动的社团，比如遂昌“十番”、缙云迎罗汉、庆元马灯舞、丽水板龙舞、青田百鸟灯、遂昌台阁、楷泉龙舟等鼓乐社和文艺表演队都有悠久的历史，在当地甚至省内外都享有良好的声誉。

职业的祭祀行为主要体现在行业神崇拜上。行业神一般指农神之外的手工艺人和商人。在浙西南，比较典型的如龙泉的剑祖祭祀，龙泉宝剑的创始人欧冶子被历代龙泉剑匠奉为祖师，龙泉民间剑匠早就有祭祀剑祖欧冶子的习俗，传统的祭祀方式是在剑铺打铁炉上立欧冶子神龛，或贴“欧冶子将军之位”的大红纸，每日早、晚上香膜拜；每月初一、十五两日，供奉三牲祭祀，以示不忘祖师的恩典和行规，祈求保佑剑铺炉火旺盛，生意兴隆。相传农历五月初五端午节是欧冶子铸成第一把宝剑，化龙飞去之日。龙泉剑匠认为这一天是铸出好剑的吉日，于是每年的端午节都要去欧冶子庙参拜祭祖，祈求欧冶祖师的神助，打出好剑，还要去剑池湖取水淬剑，挖秦溪山土修补打铁炉。[①] 2008 年，剑乡龙泉恢复了已中断 60 年的剑祖欧冶子公祭活动。剑祖祭祀等行业神庙会的发展，在一定程度上体现出了行业的神圣观念，同时也起着促进同行交流经验、团结互助的作用。但在许多行业神祭祀活动中，我们也感受到了明显的宗法制等级现象。如师傅辈与徒弟辈在敬奉神灵的庙堂位置就有明显区别。另外，从地方性特征上来看，行业神及庙会的发展也体现了各地经济社会发展的主要特征、繁荣状况以及不平衡性等。比如，放眼全国，生活于社会底层的妓女、乞丐等也有自己的行业神庙和庙会。

---

① 陆军：《弘扬宝剑文化　传承欧冶遗风——戊子（2008）年龙泉宝剑欧冶子圣祖公祭活动隆重举行》，中国龙泉政府网，http：//www. longquan. gov. cn/zhxx/jrlq/t20081201_ 492201. htm，2008 - 12 - 01。

总体来看，庙会是一种有规则集会和无规则集会的统一。其参与者不但有达官显贵，更有平民百姓，不分贫富贵贱，在神灵信仰面前，人人平等，似乎还没有哪项文化活动能像庙会这样具有高度的包容性和群体一致性。

（四）宗教神秘性是庙会的本质属性

庙会本身就是由原始的宗教祭祀活动发展而来的，其宗教性是毋庸置疑的。如我们所见，几乎每一个庙宇都在醒目的地方悬挂着众多题写着“有求必应”、“心诚则灵”等祈语的匾额、锦旗等。每一次庙会活动上也都有祭拜神灵祈福或还愿的仪式。庙会中的祭祀仪式也会通过种种场景的布置和流程的设计营造神秘的气氛，以此促进人神之间的真诚交流与沟通。更重要的是，这种神秘性还能形成某种获得心理支持的力量，使人敬仰神灵，获得心理上的慰藉，在一定程度上减缓精神层面的压力和恐慌。

其实，神秘性是一切信仰的共有特征，而庙会中的神秘性则异常重要。在信众眼里，不论参与者的身份高低、地位尊卑、财富多寡，在神灵面前都应该是一样的，所谓“众生平等”。因此，要有心理层面的虔诚和行为上的庄重，否则就会受到人们的谴责。庙会中的祷辞和誓言、经歌和舞蹈、“神药”、特殊的献供、对神像的敬奉等是庙会神秘性的重要构成和主要体现。祷辞在于请求，誓言在于感召，它们所表现的是言语的神秘力量，即希望借助发自于内心深处的表达来感动神灵，以实现自己或本群体的

图 1－15　浙闽边界小梅镇大王庙的大王巡游活动

良好愿望。祷辞既有官方的致祭，也有民间的致祭。从流传于浙西南的很多祷辞中可以看出，其中的言语主要是向神灵表示感恩之类的媚辞，同时也表达祈求和愿望；而誓言则多代表信众个体，较自由灵活，献媚之辞少，主要是直接表达自己的愿望和作出承诺。

壬辰遂昌祭春文[①]

惟公元二〇一二年四月九日农历壬辰之春，三月十九，藉地石练，县长卫宁，率吾邑人，列鲜花雅乐，备五谷三牲，置清酒八佾，行劝农赠鞭之仪，以作春祭。文曰：

九龙苍莽钱瓯源长
仙霞逶迤天境平昌
好川遗古龙丽传香
云驰白马地生金矿
青山如画秀水琴扬
物华天宝钟灵遂昌
春神既至惠风荡漾
天泽甘霖草甦绿涨
山弄锦绣水载花香
耕种稼穑牧野歌扬
人勤物厚燕舞莺唱
吾今来祭兼号乡邦
同心同德自立自强
政通人和帜正帆扬
励精图治会通八方
祈佑天地兴我遂昌
刻鹤图龙急流勇往

---

① 《壬辰遂昌祭春文》，丽水网，http：//news. lsnews. com. cn/system/2012/04/10/010282599. shtml，2012 -04 -10。

风调雨顺百业宏昌
社会和谐民富国强
伏惟
尚飨！

经歌和舞蹈是庙会上娱神的重要方式。经歌的内容主要是唱颂所供奉之神灵的恩德与自己对神灵的敬奉，用词朴素，生动形象，曲调优美。在浙西南，一般的香客为了取悦神灵，也会学唱一些经文。还有一些专门唱经歌的人，哪里有庙会，他们就跑到哪里。庙会中除了演奏经歌等宗教色彩鲜明的歌曲，还有不少各地信众自编自创自唱的仪式性歌曲，这也成为祭祀中的重要内容。其中，比较典型的、在各地庙会中都较常见的有“许愿”类歌曲和“还愿”类歌曲。其在表现形式上唱诵结合，唱诵之前都要向神灵磕头，以示敬重；在内容上，“许愿”类歌曲主要是祈求，涵盖平安、健康、财富、升学、就业等各种生产生活中的美好愿景，“还愿”类歌曲主要是了却心愿后向神灵表达感激等。

图 1－16　庙会中信众在诵经房诵经

还愿歌

诵：

天灵灵，地灵灵，
离地三尺有神灵。

我的那个××神灵啊，我是××村的××，×年×月来您这儿许下了愿，今儿个还愿来了！

唱：

说您灵，您就灵，
到底您老有神通，
如今了了我的一桩愿。
怎么能让我两手空？
没得拿，没得行，
高香纸烛先敬敬，
还有那楼船载得多呀，
金山银海表您的功。
话说好歹是我的嘴笨，
礼多礼少是我们家里穷，
记住我心里想着您，
您老可别不心疼，
村里村外，
逢人都说您灵验，
全猪全羊都敬您，
我变牛变马随您行！

诵：

××神灵，我给您带的东西不多，您别嫌少。这是××，这是××，供您吃喝，供您行路，供您享用。××神灵，我给您来引路，×月×日到×村××个地方去，我给您请的大戏，闲不住忙着，忙不着闲着，您老瞅瞅。不让您走着去，这是神马，这是神轿，到了那里烧着高香等您咧！

在一些庙会中，还有专门跳神舞等祭拜活动，与日常一般的舞蹈相比，神舞通常与发生于当地或本民族区域的神话传说相结合，具有宗教的神秘性。处州庙会上歌舞的内容非常丰富，既有过去的传承，也有现在的改造和创造，

可以说它也是浙西南地区民间文艺的集中展现。在我国有些地方举办的一些祭拜原始神的庙会上还有非常神秘的“神药”，这些所谓的“药”可以是能食用的物品，也可以是不能食用的虫卵、石头、泥土、草根等。不过，“神药”在浙西南各地庙会上并不多见。

图 1－17　庙会上的祀神供品

庙会神秘性的另一典型体现，就是我们在各地庙会上都非常容易见到的供品和献礼，比如，上述《壬辰遂昌祭春文》中，对当地隆重的春祭活动以及丰富的供品和献礼作了描述：“率吾邑人，列鲜花雅乐，备五谷三牲，置清酒八佾，行劝农赠鞭之仪，以作春祭。”[①] 当然，庙会中供品和献礼的意义主要还是通过信众所营造的神秘性氛围来体现的。

在浙南，石练七月会上信众敬献的供品可以称得上是精致之极，影响也非常深远和广泛，当地人说“已经成为一个品牌了”。石练祭品题材完全来自大自然的花鸟草丛，它的工艺制品全部由当地农民自己创作，栩栩如生。而众多祭品中，柳村祭品以丰富精巧而最为闻名，他们的供品中除数盆全鸡全鸭外，还有上百盆装着鱼肉海鲜、果品糕点、人物花鸟等造型独特的供品，这些全都是由本村的老艺人雕制而成的。其实，石练祭品不仅用在七月庙会上，

① 《壬辰遂昌祭春文》，丽水网，http：//news. lsnews. com. cn/system/2012/04/10/010282599. shtml，2012－04－10。

还用在社殿、正月里、各村庙开光、祭祀太公、祭佛等上。[1] 除供品外，明器在庙会的神秘性氛围营造中也具有重要的作用。在江浙一带的庙会上，“纸马”和纸做的“法船”等也具有明器的意义。这些明器增添了庙会活动的宗教性和神秘色彩。

图 1-18　缙云金竹村关帝庙庙会迎纸马、烧纸马

（烧纸马，原指祀神。清顾张思《土风录》卷二：“俗呼祀先曰烧羹饭，祀神曰烧纸马，盖犹本元人语。”浙西南缙云县金竹村一带民众敬拜关帝，常常要在关公神像前许下一只纸马。三月十三庙会期间还愿时，则要亲自抬纸马到关帝庙内烧香叩首。这纸马有真马那么高，篾扎纸糊，是糊赤兔马、胭脂马，还是大白马，根据各人的爱好而定。）（图片来源：快拍丽水网，http://www.kpkpw.com/space.php? do=activity&albumid=435662&pid=13768066）

当然，在庙会上信众们对神灵的供奉和虔诚祭拜无疑是其神秘性和神圣性最直接、最具体的展现。庙会中人们

① 吴保英：《谈遂昌石练祭品》，《浙江文化月刊》2008 年第 5 期。

对所信奉之神灵的虔诚主要表现在：对神像的顶礼膜拜，“抱佛脚”或触摸神像的某些部位，还有一些虔诚的信众会通过在神灵面前严厉地责己、罚己以期望获得神灵的同情和关爱，等等。这些神秘的行为所体现的是浙西南广大民众直接朴素的信仰心理和情感表达方式，也构成了浙西南民众的群体记忆，并直接维系和促进了处州庙会习俗的代代传承。

第二章　祭祀政策、乡村权力与民间信仰的命运变迁

——一个传统村落庙宇的当代重建及实践逻辑[①]

村庙信仰是观察中国乡土社会变迁的一个重要视角。马氏天仙殿只是中国社会一个普通村落中的一个普通小庙。新中国成立以来，伴随着中国社会的激烈动荡和急剧变迁，与我国其他各地民间信仰场所的命运一样，Z 村的信仰中心——马氏天仙殿也历经了由传承—衰落—复兴的波动起伏，并在当下呈现出了复兴的景象，在乡村社会政治、经济、文化生活诸多方面都具有不可忽视的影响。

积极引导宗教与社会主义相适应是现阶段国家宗教工作的目标，也是衡量宗教工作的标准。这同样适用于民间信仰工作。我们应该看到，以村庙为中心的传统信仰和仪式活动在现时期的中国乡村仍然具有不可替代性，它正和国家各类制度化的规范并行不悖地影响着村落生活的方方面面。“没有文化建设的新农村是残缺的，新农村如果没有内涵和精神支撑，就只是一个华丽的空壳。”[②] 广大乡村民众是新农村建设的最大受益者，更是推进新农村建设的主体力量，而文化和精神恰是这种力量之源。在加强农村文化建设，培育乡风文明新农村的进程中，我们必须尊重村庙信仰文化自身的传承和演化规律，尊重乡村民众的多元文化需求和多元价值选择，尊重传统村落的生活习俗和风

---

① 据《新农村建设中村庙意义的再认识——浙南 Z 村马氏天仙殿的当代变迁及重建实践考察》一文修改，原文刊载于《社会科学战线》2012 年第 7 期。

② 张剑虹：《华丽的“空壳”》，《三联生活周刊》，http：//www. lifeweek. com. cn/2010/1130/30518. shtml，2010 - 11 - 30。

土人情。我们不仅要让先进文化、主流文化占领农村文化阵地，引领广大乡村民众坚定社会主义信念，树立社会主义核心价值观，而且还应更多地关注村庙信仰这一非主流文化。要客观地判断和区分村庙信仰与封建迷信活动，把传统村落日常生活中的信仰活动与秘密宗教活动区别开来，以历史的经验和科学理性的态度积极扬弃，使村庙文化成为新农村和谐文化的重要构成，实现村庄建设与地方传统的良性互动、和谐共处。

一、一个传统村落的传统信仰

图 2－1　Z 村地理位置优越，后靠山，前临瓯江，紧邻国道

Z 村是浙江一个普通村落，全村共有村民小组 5 个，185 户，645 人。陈、吴、柯、季为村中最大姓，四姓人口占 50% 以上。自 20 世纪 80 年代之初始，就有不少村民外出闯市场，大多依托镇上的五金厂外出跑业务（当地人称“跑五金”）赚取了第一桶金。现在，Z 村有十数家五金作坊，数十支五金汽配产品营销队伍，并已发展成为浙南地区主要的五金汽配制造和产品交易地之一。村落民间信仰氛围浓厚，村民日常祭拜的庙宇有两座，一座是原坐落于村口小巷中的马氏天仙殿，另一座是坐落于村落对岸山谷中的土地庙。逢年过节，村民们除了敬拜这两座庙外，大多还要叫上全家老小到十多里之外H村的Z殿去敬拜[①]。马氏天仙殿是村中主庙，日常村民主要以此为中心开展各种信仰活动。主要有：

一是春节期间选定吉日做佛事，其中有请神、酬神、游神等仪式，还有聚餐活动。几乎家家参与[②]，无论是外出经商、求学者，还是回乡探亲者都纷至沓来，其目的“一是敬敬神，二是会会老乡，沟通感情，并了解村情”[③]，好不热闹。村民们有钱出钱、有力出力、有物出物，特别是聚餐活动，每年由若干户村民轮流出柴、米、油、盐及蔬菜等已成为村民的自觉意识。

图2－2　Z村重建前的马氏天仙殿

二是日常以户为单位每天轮流值守，给神灵添油上香。村民每遇值守之日须外出，都会主动找人替换，以保证村庙香火不断。

① Z殿坐落于通往H村的乡间公路边的山谷中。20世纪80年代中期以来，Z殿经过多次修建，规模宏大，又因其“灵验”，声名远播，三十公里外的城里人及外县人也会驾车来此敬拜神灵。即使大年初一乡村公共汽车停开，周边十余里甚至数十里之外的信众也会携儿带女步行前往敬拜。此殿平日也是香客不断，香火缭绕。目前，该殿已是市级文物保护单位，并纳入了佛教活动场所管理。

② 目前，Z村有六七户村民信仰基督教，不参与民间信仰活动。在他们看来，民间信仰是愚昧、无知和浪费的活动。但他们不会在公开场所表态，只是不去参与。

③ 访谈中，回乡参与村庙佛事活动的在外经商者、求学者及已在外地工作的原村民大多如是说。

图 2-3　Z 村的一座小庙

（原为土地王庙无神像，现塑平水王供奉。信众远不及马氏天仙殿，平日香火冷清，只有春节期间村中老者前往供奉时香火才较多。）

三是一年中逢农历的初一、十五，不少村民会到天仙殿烧香拜神、烧纸求福，同时还要带上供品进行祈祷活动。

四是每年元宵节过后，众多“跑五金”的村民在即将要启程前都会到马天仙殿烧香、燃放鞭炮，以祈求天仙保佑家人平安，保佑自己一帆风顺、生意兴隆。

五是村民在办红白喜事、迁建新居等人生大事时，多会请法师举行仪式，并到天仙殿祭拜。

六是除了群体性的信仰仪式活动外，也有村民在日常请当地的法师到家里做法事，给家神[①]诵经，以“祈求降福，谨盼避祸”。

显然，马氏天仙殿已然成为根植于 Z 村村民日常生活

① 农村中有着众多的家神，如天官、门官、灶君、五土龙神等。

中不可或缺的精神场所。

二、村庙的当代变迁

图 2－4　景宁马氏天仙祖殿前的《护国夫人庙碑记》

（碑记记述了马天仙护国忧民、大孝大德的事迹。）

其实，马氏天仙殿只是中国社会一个普通村落中的一座普通小庙。问村里的老人此庙始建于何时，只说“很早

以前，估计有这个村庄的时候就有了”。没有人能给予确定的回答，也无据可考。但在村里，我们总能听到一些中老年人绘声绘色地描述马氏天仙的故事，村落中也一直传唱着记载马天仙功德事迹的《马佛经》。从村民们的讲述和传唱中，我们可以深切地感受到村民们对马氏天仙爱国忧民、大孝大德之高尚品格的敬佩和感慨，对其无限法力和伟大神格的顶礼膜拜，对村落和自身康乐祥和生活的无限向往。Z 村的民众因感念马氏天仙的德泽和祈望神灵护佑而建庙供奉也就成为一件很自然的事。庙虽小，但也历经波折。

（一）传承与断裂

新中国成立之初，贫穷、落后、闭塞是 Z 村的基本特征，但庙里的乡火一直延续着。自“文革”始，小庙遭到了灭顶之灾，前后数次被破坏。最具毁灭性的有两次：“一次是 1966 年，公社书记亲自带了一伙人来，推翻了神龛，把马天仙像也摔到地上砸烂了。多亏 CH 胆子大，趁他们不注意把神牌藏了起来。……这一时期风声特别紧，烧香拜佛被说是搞封建迷信。……即使是最虔诚的信徒，也只能在心里偷偷地信，或者趁夜里去庙周围烧几张纸、磕几个头，再也不敢有公开的行动了。”① “再一次，就是 1974 年，公社里的武装部长和村里的民兵连长带领村里的民兵及当时公社中学的一些学生又来拆庙。这次屋顶也被掀了，几面破旧的泥墙也被推了，天仙殿彻底被毁了。”② 之后好多年，村子里没有一个人敢提庙的事，更没有人敢讲重修重建的事。

---

① Z 村 L 姓已退休小学教师在接受笔者访谈时如是说。

② Z 村 L 姓已退休小学教师在接受笔者访谈时如是说。

（二）复苏与重建

图 2－5　Z 村新塑的马氏天仙像

（马天仙，也作马孝仙、马佛、马夫人，又称马仙、马氏真仙、马仙姑等。）

自 1978 年 12 月中央宗教工作座谈会召开以来，全国范围内的宗教活动开始逐步恢复。而此时，Z 村的民众似乎还没有从“文革”时期的惊恐中走出来。直至 1983 年底，Z 村的马氏天仙殿才逐步成为村民们议论的话题，并开启了重建的序幕。据村民回忆，当时，村里一 L 姓妇女①逢人便说，马氏天仙托梦给她，让她召集大家把殿修起来。起初大家都忙于耕种刚分到户的责任田，不愿多谈及村庙的事。

---

① 据村民介绍，L 姓妇女是村里一位普通农妇，育有多子，为人热情、乐善好施，是一位虔诚的信徒。

"之后，村里果然出了两起怪事"①，深藏于人们意识之中的关于马氏天仙的群体性记忆似乎刹那之间被唤醒和激活。随后，在L姓妇女和保藏神牌的CH等虔诚信众的精心谋划下，开始了天仙殿的重建。"村民们积极响应，有钱出钱，有物出物，有力出力，还四处化缘捐款，都乐意来帮忙。"②"由于当时大家都没什么钱，这次只是在原地基上修筑了土墙，重新盖了青瓦，请回了神像，基本上是恢复了原状。但大家确实都尽力了。"③ 修复后，村民们在天仙殿里举行了久违的佛事活动。从此，小庙恢复了香火，重新回归到了人们的日常生活中。

至1996年，在村里几个五金老板的提议和推动下，天仙殿大修了一次，建起了砖混木结构、黑瓦白墙的主庙，庙内用红漆刷柱，白墙上请民间艺人画上了"八仙过海"等神话传说，增塑了两座辅神像，并制作了纻丝大红织金袍服、青织金云幡等，增添了神龛、黄绫围幔、黄铜香炉、花缸、烛台等。经过这次修建，旧庙换新颜。2006年，在老人们的积极努力和五金老板的大力支持下，以建老人活动中心为契机，村民又将马氏天仙殿里里外外翻新了一遍，重修了殿里的灶台和殿前的道路。

（三）转型与复兴

"村庙是村民信仰活动的场所，是传统社区的标志性建筑。"④ 到2010年，Z村已发展成为区域内较有影响的新农

---

① 村民C说："一件事是，一K姓家庭16岁的孩子突发高烧，一觉醒来后便开始说胡话，终日疯疯癫癫；另一件事是，一L姓青年夜里去走亲戚，喝过少许酒，回家路过村口桥头就觉腿软，恍恍惚惚就从桥上坠下，变成终身残疾。"据笔者2011年7月至2012年2月间田野调查笔记。

② Z村退休老支书J接受访谈时如是说。

③ 据笔者田野调查笔记。

④ 甘满堂：《福建的村庙文化》，中国民族宗教网，http：//www.mzb.com.cn/html/report/114739－1.htm，2010－01－18。

村建设示范村，加之地理区位优势越来越突出，土地、林木资源相对较丰富，经层层申报考核，Z 村被批准确定为市级首批中心村培育对象。而此时 Z 村的天仙殿依然还只是一座位于村口弄堂中仅有七八十平方米的小庙，特别是与周边 H 村的 Z 殿相比，相距甚远。[①] 在村民们看来，“天仙殿显得太不起眼了，与中心村形象不相称”[②]。村支部书记 Z 说：“中心村刚批下来一两个月，就有几个信众找我说，做中心村规划的时候，一定要把马氏天仙殿重建这个项目摆进去。”村长 Y 说：“几个老板也老跟我提重建庙的事，说是一定要建得气派，钱的事不用担心。但我想这事镇里、市里肯定都不会支持。我也不置可否。”2011 年初，村两委即将换届，重建天仙殿自然就成了村民们热议的话题。候选人 K 甚至直接把自己设计的重建天仙殿方案摆了出来，作为赢得信众支持的资本。已于村长竞选前再次当选村支书的 Z 认为，K 在公开场合哗众取宠，直接把重建天仙殿这事提出来迎合信众的做法不妥。其实，这也是镇里的态度。村长 Y 对这事表面上不支持也不反对的态度，加之在任上的政绩，获得了镇里领导的欣赏，也得到了“智慧”的村落精英们的认同。在前几次修建天仙殿中做了大量工作的五金老板 C 及其父 CH 认为：“Y 办事比较老到，与镇里、市里关系也处得比较好，让他继续当村长，可能对建殿更有好处。”结果，Y 再次顺利当选 Z 村村长。之后，在村两委的“不表态”立场下，Z 村马氏天仙殿重建理事会迅速组

① Z 殿坐落于通往 H 村的乡间公路边的山谷中。经过多次修建，规模宏大，目前已是市级文物保护单位，并纳入了佛教活动场所管理。该殿香客不断，香火缭绕，逢年过节时，Z 村的村民大多都会叫上全家老小到十多里之外 H 村的 Z 殿去敬拜。村民们也一直把 Z 殿当作自己的村庙——马氏天仙殿的未来方向。

② 据笔者田野调查笔记。

建了起来。[①] 理事会成立之后，大家就利用各种社会关系，广泛动员各种社会力量筹款、筹料。仅一个多月，就请来了风水先生择取了新址；筹集到建殿资金 80 多万元[②]，并请来了能工巧匠。“阳春开工，鲁班主墨，骄阳六月，炎日如火，万民奠基，挥汗如雨，无有先后，诚心感天动地，人皆欣喜而悦。”[③]“民不俱再三，翻山越岭，千里寻木，八方访师，四处取样，均取上乘……时辛卯岁七月廿六，紫薇銮驾，龙柱落地，凤梁横天。是年末月，佛驾莲座，开光昭告，受万民香火。”[④] 理事 C 说：“上梁那天，外村都来了不少人，又收到了 10 多万元的捐款；开光的时候，来的人更多，这天收到的捐款也很可观。”

“这一次才是真正的重建。”[⑤] 新建的马氏天仙殿精致大方，画栋雕梁，“落位于相树下（当地土名——笔者注），此地风和水回，山如金盘，水若玉带，真乃重现千年风池古韵”[⑥]，气势恢宏，炫目夺彩。新殿建成以来，其影响正逐渐向周边村落扩散，信众也逐渐增加。

---

① 据信众 W 说，当时大家都推举 CH 牵头组建理事会，但 CH 主动提出自己年龄已大，身体也不如从前，担任不了此次天仙殿的重建大任，认为应由一些年轻能干的人来做。结果大家比较一致推选 CH 的大儿子来组织理事会，理由是 CH 的大儿子是个大老板，在村里有威信，社会关系好，也乐于做此事，而且在一定程度上可以延续 CH 在村里的威望。村庙重建理事会成员有此次村长选举落选的 K、村里的老会计 W、在外经商的 Y、善于操办红白之事的 J 和 K，以及曾担任村里民办教师的 W 等。

② 从捐助名单上来看，村里除信仰基督的少数几户村民外都捐了款，有的村民还替已在外地工作的子女捐了款，有的户口已迁出本村的原村民也来捐了款，少则几百，多则上万。其中，在外经商的村民和本地的五金老板捐资均在万元以上，最多的达 10 万元。高速公路 Z 村段建设指挥部也捐了 3 万元。

③ Z 村《重建马氏天仙殿碑》。

④ Z 村《重建马氏天仙殿碑》。

⑤ 访谈中村民们都如是说。

⑥ Z 村《重建马氏天仙殿碑》。

三、村庙重建的逻辑

Z村马氏天仙殿的当代历程是诸多复杂过程交织的结果，它其实也是当代中国村落文化变迁与发展的一个缩影。它的历次重建既有学者们一直关注的社区性神灵和民间宗教的再造和地域性的扩张，也有经济制度、政策环境、阶层结构、乡间习俗、社会关系资源和乡村民众群体意识的创造。

（一）乡村社会集体记忆的唤醒与激活：Z村马氏天仙殿重新建立的逻辑起点

村庙是乡村社会集体记忆的重要组成部分。“庙会、祭祀、道士、村庄、村民，这些行动与行动、行动者与行动者之间的联结、交换和互动，建构了村落社会的集体记忆。”① 新中国成立后，特别是20世纪50年代中后期以来，政府实际上动用了权力工具，以全面取缔的姿态严密控制了村庙信仰。村庙几乎荡然无存，“四旧”、“封建迷信”等政治话语将民众的日常生活与村庙及信仰活动隔离。此时，Z村民众关于马氏天仙殿的“集体记忆”其实已经沦为“隐藏的集体记忆”，只有被适当地唤醒和激活后，才有重塑和再造的可能。通过对Z村马氏天仙殿重建的考察，可以发现L姓妇女关于马氏天仙托梦建殿之说对于这种“隐藏的集体记忆”的唤醒和激活起到了关键作用。同时，由于村民对于马氏天仙这一“地方性知识”的理解及共识，

---

① 李文慧：《民间信仰与村落关系》，山西大学硕士学位论文，2006年。转引自樊红伟，狄金华：《对村庙研究的文献综述》，http：//www.doc88.com/p-311614675157.html，2011-09-11。

再通过L姓妇女的游说及村落民间权威CH[1]等的积极推动，关于马氏天仙的记忆由个体的行为很快地转变成为Z村村民的集体性实践。由此，在Z村，马氏天仙殿也由尘封的记忆回归现实，并重新融入村民的日常生活之中。

（二）主流意识形态及其价值取向的调适：Z村马氏天仙殿重建的重要驱动力

“村庙并不是生活在真空之中，它必须面对包括国家力量在内的一系列外部因素。”[2]其实，国家的宗教和文化政策及其政治价值取向不是固定的，它会随着社会环境和国家战略的转变而进行一定程度的调适。在特定的社会背景之下，由于体现国家意志的需要，政府可能会运用暴力手段或者自己的象征符号摧毁、替代村庙及其信仰仪式；同时，政府也会因国家战略重点的变化而发生政策迁移，也就可能会利用村庙及其象征符号服务于区域发展和社会治理，从而为村庙信仰发展提供适当空间。自20世纪50年代始，国家的宗教与文化政策历经了由严紧到适当宽

图2-6　重建后的马氏天仙殿一角

---

① CH自冒险保藏神牌后，即在信众中树立了极高的威望，加之三个儿子都是村中能人，威望又得到了进一步提升。

② 骆建建：《归来之神：一个乡村寺庙重建的民族志考察》，上海大学博士学位论文，2007年，第225~226页。

松，再到较为宽松的演变过程，Z 村马氏天仙殿及其信仰也相应地呈现出了由衰落到复苏，再到复兴的景象。尤其是步入 21 世纪以来，一些曾经被贴上“封建迷信”标签的庙宇和信仰仪式获得合法性确定，有的成了非物质文化遗产，有的成了文物保护对象。“这意味着国家对‘传统’的价值判断标准从单一的‘政治为本’逐渐走向了大众社会及其文化的多元视角。”① 客观上，这为传统乡村再造传统营造了社会环境和成长空间，自然也成为 Z 村马氏天仙殿重建的重要驱动力。

（三）国家经济制度的变迁与乡村新兴经济精英群体的壮大：Z 村马氏天仙殿重建的根本力量

“单纯用政府意识形态工作和文化政策的变化来解释传统的复兴，是不充分的。”② 改革开放后，随着国家战略重点的转移和经济建设中心的确立，各级各地政府千方百计挖掘促进经济发展的资源和动力，“文化搭台，经济唱戏”便是其中重要的一条。再造包括村庙在内的传统文化遗产，成为旅游部门吸引游客以促进旅游经济发展的普遍性做法；沿海一带的地方政府则通过实施“寻根问祖”策略以吸引华侨资本来助推经济发展，等等。这些做法实际上给广大信众传递了一个信号，即在他们看来，“现在政府是支持并参与民间信仰发展的”③。当然，政府也是有选择性地吸纳对自己有利的传统信仰资源，民间试图举办的一些传统信仰仪式和活动常常还会被当作“封建迷信”而被地方政府

---

① 陈映婕、张虎生：《城市化进程中村落寺庙的复兴——浙中 H 村将军庙的个案研究》，《三峡论坛》2011 年第 4 期。

② 王铭铭：《地方政治与传统的再创造——福建溪村祠堂议事活动的考察》，社会学人类学中国网，http：//www. sachina. edu. cn/Htmldata/article/2005/10/461. html，2005 年 10 月 29 日。

③ 访谈中村民如是说。

否定或监督。更为重要的是，以经济建设为中心战略的确立和农村家庭联产承包责任制的推行，恢复了以家庭为基本单位的经营方式，使广大农村民众从以前的“大队社员”这一“集体人”转变为“个体人”或“自由人”，重新获得了自主活动的时间和空间，这就为村庙信仰的生存和发展提供了必要的土壤。随着改革的深入和市场经济体制的确立，农村经济社会快速发展，民众的生活水平不断提高，特别是出现了一批新兴的乡村经济精英。乡村新兴经济精英都是市场竞争中的佼佼者，或者说是现时代乡村社会的强人，他们敢闯、敢冒、敢创，能力超凡，经济富裕，日益成为村庄社会中令人瞩目的群体，并于无形中形成一种强大的隐性权力和村落影响力。同时，乡村新兴经济精英长期搏击于残酷的市场中，较普通民众更深切地感受到了风险和危机。在这个意义上，他们祈求神灵护佑和获取精神支持的愿望较普通民众更为强烈。通过对马氏天仙殿重建过程的观察和前文的阐述，我们看到，乡村社会集体记忆的唤醒与激活只是天仙殿重建的逻辑起点。没有信众的热情和专注，就没有天仙殿的恢复；没有村落经济的发展和人民生活水平的提高，就没有天仙殿旺盛的香火；没有乡村新兴精英群体的谋划和推动，就没有天仙

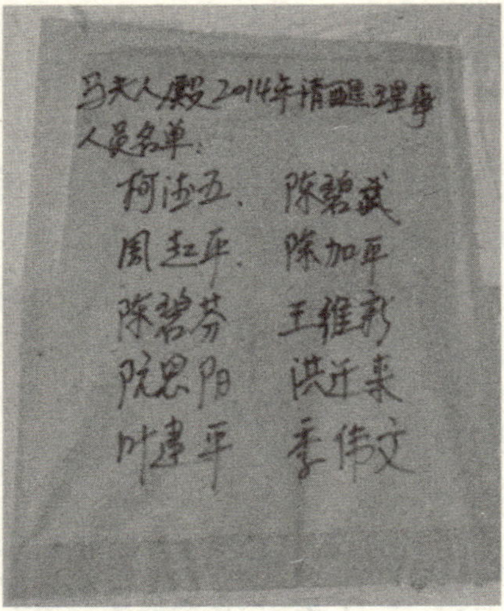

图 2－7　Z 村马氏天仙殿（马夫人殿）2014 年清醮理事人员名单

（其中包括现任村支书在内的多名村两委干部。）

殿今天的精致辉煌。

（四）权力技术的操弄：Z 村马氏天仙殿实现重建的又一关键因素

“对于信徒而言，寺庙是自我救赎、追问生命意义的神圣领域；对于香客而言，寺庙是寻求慰藉、解决实际问题的神秘力量；对于寺庙组织者而言，寺庙更像是迎合需求、实现权力渗透的宗教工具。”①其实，只要我们充分顾及和理性对待 Z 村马氏天仙殿数次重建中村落内部各群体的参与动机，就不难发现，如何利用天仙殿及其信仰仪式来实现各自原初不同的目标才是他们所关切的，而天仙殿本身似乎并不是那么重要。比如，在 Z 村村委会换届选举中，候选人 K 便试图以天仙殿为政治诱饵赢得信众的选票；村长 Y 显然更富政治经验，更懂得村长角色的政治意义，熟练地操弄着其权力技术，既获得了上级的认可，又迎合了信众的需求，特别是迎合了精英群体的“智慧”，进而有效地实现了权力渗透。在天仙殿的重建过程中，村长 Y 更是以其圆融的政治智慧和权力技术上下疏通，平衡政府在场与民众意愿，最终实现了天仙殿的重建，当然也使自己的威望得到了提升，在村民心目中的“合法性”得到了巩固。而周密细致的操作和巨额的捐助善举则使新兴的经济精英们的“隐性权力”得到了进一步彰显，丰富了自身的精英形象，当然也在一定程度上缓释了可能存在的“原罪”困扰。广大普通信众则通过参与天仙殿的重建获得了精神慰藉，或许也透过精致恢宏的村庙及不断涌入的各地信众在此虔诚敬拜的身影而感受到了满足和自豪。

---

① 骆建建：《归来之神：一个乡村寺庙重建的民族志考察》，上海大学博士学位论文，2007 年，第 228 页。

四、村庙重建的当代意味

现代人类学家认为，民间信仰和宗教具有如下功能：给人生赋予意义、提供心理上的支持、强化和维持文化的价值体系、减少冲突和增强社会控制、维护社会集团内部团结和增强集团成员内部的认同感、保存知识文化、促进社会变迁、调节人类与生态环境的关系等。[①] 透过Z村马氏天仙殿当代变迁与重建实践中的种种表象，我们感受到，社会变迁给传统村庙产生的冲击是深刻的，村庙及其信仰的命运沉浮与国家宗教及文化政策的取向是有密切的相关性的。在两者关系中，国家宗教和文化政策居于主导地位，乡村文化变迁受制于国家政策，村庙信仰只能在国家政策给予的有限空间里谋求生存与发展之策，仅此而已，实无太多的回旋余地。但村庙信仰有其自身强大的文化惯性和社会适应性。Z村马氏天仙殿的重建这一个案表明，在文化教育日益普及、科学技术不断创新的现时代，村庙及其信仰似乎并没有呈现出消退的迹象，反而得以复苏和延续，并有了复兴之势，而且在诸多方面对现代乡村社会的文化传播和秩序建构产生影响。为此，我们只有回归村落文化生态之本然，正视现实之存在，才可探求村庙重建实践之正当性。

其一，透过Z村马氏天仙殿在当代的兴衰变迁，探寻其背后村落内各类人群之间的交往及互动关系，我们不难发现，村庙信仰因没有血缘的先天排斥性且具有很强的包容性，其对村落的整合效力已明显超越了宗族的血缘整合。马氏天仙殿的重建为乡村社会拓展了关系网络，深化了村

① 王习明：《对农村民间信仰的几点思考——以关中等地农村老人“朝庙子”现象为例》，《中国宗教》2008年第2期。

际联系和乡民社会的人际沟通，增强了社区认同和村落资源整合。事实上，马氏天仙殿已成为 Z 村宗族、村落之间联系的纽带。

其二，村庙的存在对残缺不全的农村公共活动场所和文化娱乐活动是一种弥补和丰富。以 Z 村马氏天仙殿为中心的信仰仪式活动，几乎户户参与，“歌舞媚神”、“演戏酬神”。活动中，村民们各尽所能，吹拉弹唱，热闹非凡，娱神更兼娱人。集体性村庙信仰仪式活动的开展不但在客观上满足了乡村民众的部分精神文化需求，同时也为久藏于乡村中的“文化精英”提供了展示的平台。

图 2－8　重建后的马氏天仙殿

其三，马氏天仙的神话及其忠勇孝义精神在村落中的代代口传，使马氏天仙殿不仅是传统村落社区的一个信仰中心，而且俨然成了村落社区的一个道德中心，也在一定程度上修复了乡村社会急剧动荡变迁中产生的“文化堕距”，并在村民的道德教化和村落秩序的整合中展示了其存在的意义。还有，在 Z 村《重建马氏天仙殿碑》中有这样的描述：“福吾寿吾，保国佑民，风调雨顺，国泰民安……祖国万岁，千秋昌盛……祈愿今始民心归一，人才辈出，乐生于事，民业有经，人康帮长。”这既体现了信众对村落和谐兴旺和自身幸福安康的美好祈求，也体现了信众对国家繁荣昌盛的自豪之情及真情祝愿，表现出了强烈的国家意识和民族归属感。

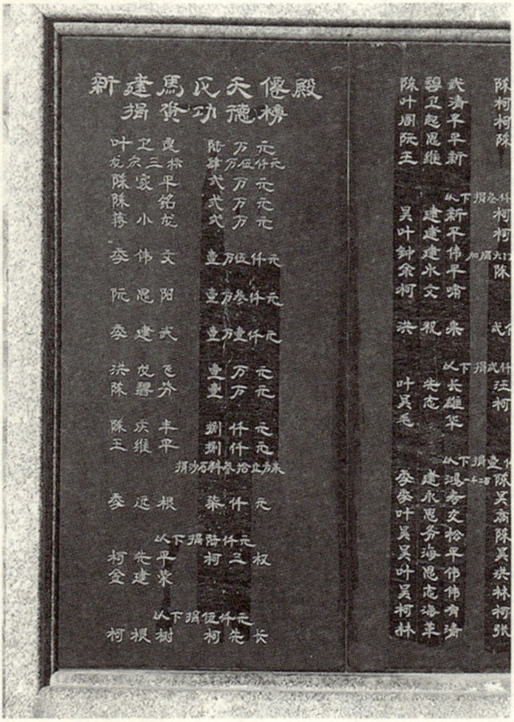

图2-9　Z村新建马氏天仙殿捐资功德榜（局部）

第四，快速工业化、城市化背景下，人们渴望现代又迷恋传统。当乡村符号的远去已然成为现实，人们对恢复乡村记忆的渴望和呼唤仿佛越加强烈。从这个意义上看，传统村庙的当代重建其实也是“城市化”、“工业化”语境下现代与传统的“文化博弈心理”使然。或者说，村庙重建是生活在当下的人们在迅速推进的现代化进程中进行自我调适和保护的一项重要文化实践。Z村是市场经济体制的成功范例，也是乡村工业化发展的成功范例，在村庄内部也深深烙着“城市化”、“工业化”的时代印迹。易址新建的马氏天仙殿坐落于“风和水回，山如金盘，水若玉带”之地，“真乃重现千年凤池古韵”，[①] 事实上，它正成为现代性变革中传统村落连接过去与现在的物质与精神纽带，并努力维系和改造着传统村

① Z村《重建马氏天仙殿碑》。

落天人合一的空间景观。此外，在乡土社会中，村庙和信仰仪式具有展示村庄力量和形象的作用。马氏天仙殿的全新重建对于突显与提升 Z 村在周边村落中的影响力，其作用不可小视。

第二编 民间信仰与乡村社区公共生活

第三章　山区小镇的文化畅想

——日常生活视角的“七月会”社会功能考察[①]

“仪式通常被界定为象征性的、表演性的、由文化传统所规定的一整套行为方式”，它“可以是特殊场合情境下庄严神圣的典礼，也可以是世俗功利性和礼仪、做法。或者亦可将其理解为被传统所规约的一套约定俗成的生存技术或由国家意识形态所运用的一套权利技术”[②]。信仰与仪式往往存在着密切的联系，并且始终是宗教的两个重要范畴。“这两者中，显然信仰在先，因为必须相信神的存在才会想要取悦于神。但这种信仰如不导致相应的行动，那它仍然不是宗教而只是神学。”[③] 在我国，除了传统的儒、释、道三教外，长期以来普遍存在于广大乡村的民间信仰，以其原始的神灵崇拜、悠远的神话传说和古朴的祭祀仪式等丰富多彩的实践行动“取悦于神”，促进人神沟通，并构成了独特而深厚的地域文化，对广大民众日常生活和乡村社会秩序建构产生了深远的影响。

乡村庙会是传统民间仪式的重要内容，它集“庙宇建筑、所供神灵、神媒、信众、香烛纸炮、庙戏及庙市和各

---

① 据《论传统民间仪式与新农村建设的互融共生——浙南石练“七月会”的当代变迁及社会功能考察》一文修改。原文刊发于《北方民族大学学报》（哲学社会科学版）2013 年第 1 期。

② 郭于华主编：《仪式与社会变迁》，北京：社会科学文献出版社 2000 年版，转引自杨利慧：《仪式的合法性与神话的解构和重构》，《北京师范大学学报》（社会科学版）2005 年第 6 期。

③ ［英］弗雷泽（J. G. Frazer）著，徐育新等译：《金枝》，北京：大众文艺出版社 1998 年版，第 47 页。

图3－1　浙南“汤显祖文化、劝农节”上的巡游队伍

自相应的传说故事等基本质素”①于一体，成为我国民间信仰的重要表现形式。它既可以是某一信奉共同神灵的地域或村落联合体举行的较大规模的群体性活动，也可以是某一村庄，甚至某一家族举行的仪式活动。其实质是民间信仰，核心是促进神灵信仰的延承、强化以及神圣化。在古代社会，这些广泛植根于乡间的信仰仪式活动多被视为“淫祀”，难以得到官方认可，时常受到打击。近代以来，由于现代科学精神的传播和主流意识形态的影响，以乡村庙会为代表的传统民间仪式活动往往被斥为“愚昧”、“落后”的文化表现形态，是与现代文明相抵触、阻碍中国社会进步的糟粕——“封建迷信”。但时至今日，“经济越全球化，文化越个性化”，即一个民族国家在越来越激烈的国际竞争中要证明其存在的必然性，就必须越来越重视保持其文化的民族个性，增强其文化的国际影响力。在这样的背景下，民间传统仪式便有可能在文化创新中成为展示中华民族鲜明文化特色的非物质文化遗产和促进社会发展的重要文化资本。本章试图通过对浙南山区小镇传统庙会——石练“七月会”的考察，探究以本土民间信仰活动为核心的传统民间仪式在以

① 岳永逸：《庙会的生产》，北京师范大学博士学位论文，2004年，第23页。

科学理性为主导的当代语境下的存在策略、主要特征及其与乡民生活和新农村建设的关系。

一、山区小镇的传统信仰仪式

图 3－2　浙南遂昌县石练镇一城

（图片来源：石练镇政府网）

石练镇位于浙南山区小县遂昌县中心地区，距县城约 28 公里，有 26 个行政村，90 多个自然村，人口约 13 000。古时，由于村落分散，镇上的人们习惯将毗连的小村合在一起，称为“坦”（片村），于是就有了至今仍闻名于周边的“石练十六坦”[①]。村镇风光秀美、资源丰富，如今已发展成为以特色农业和休闲旅游为重点的魅力乡镇、省级文明乡镇、国家经济综合开发示范镇。这里民风依然淳朴，地域文化特色鲜明，民俗文化氛围浓郁，蔡相庙宇遍布全镇各村落。围绕蔡相大帝信仰而举办的庙会——“七月会”是当地老百姓祖祖辈辈流传下来的一项古老而传统的民俗活动，每年都要举办，每次持续半月有余。在此期间，远近亲友及来自四面八方的游客都来赶会，家家户户祭品满桌，宾客相聚，“阡陌道路，人流接踵，晚间看戏，欢情倍增……商贾走贩毕至，贸易十分活跃”[②]。实际上，“七月会”已成为这里的文化标

① 即黄皮、苏村、上仓坛、中央街、洞门下、沙墩儿、垵下、姚埠、黄墩、横岗、项岭头、定村、方村、大路街、官堰头、淤头十六个片村。大的坦包括四五个村子，小的坦只有一两个村子。

② 蓝春晓：《遂昌民俗“秋赛会”》，《文化交流》2008 年第 7 期。

记，并延续着山区小镇的欢腾与热闹景象。

（一）蔡氏神话和“七月会”的源起

图3－3　“七月会”上的仪仗队伍表演

（图片来源：石练镇政府网）

石练民间一直流传着“蔡相封神”的传说：古时，遂昌九龙山脚住着外乡来的蔡氏兄弟二十四人，以背运木材为生，个个身强力壮，干起活来，有降龙伏虎之势。虽然贫穷，却为人正直，人们有什么困难，他们都倾力相助，在村里地位很高。因常为乡民打抱不平，遭到了当地一财主的嫉恨。一天，蔡氏兄弟正在山上伐木，财主趁机陷害，以乱石、滚木将二十四兄弟打翻在地，埋在碎石、乱木之中。顿时，雷雨交加，山头崩裂。过后，老大蔡相醒来，只见一位白发苍苍的老人对他说：“唤你身边的兄弟，都跟我来吧！”说着，老人带他们到山半腰中，指着万丈深渊边的一个山洞说：“这里是仙人洞，里边有二十四把金椅，你们坐上了就可以成仙。”二十四兄弟在老人的指点下壮着胆子跳了下去，坐满了二十四把交椅，都成了神仙。乡民尊称其为蔡相大帝，至今护佑一方。[①] 对此，清光绪版《遂昌县志》也略有记载：“世传五代时，蔡氏兄弟二十四人，避地居此，殁而为神，至今血食一方。……乡人立庙以祀。

① 讲述者：戴跃云，男，63岁，农民，高小文化。记录者：黄时卿，1987年6月采录于王村口。

每逢立秋后第一个‘辰’日，举行祭祀，渐成庙会。”[①] 据村里老人讲，祭祀蔡相大帝的庙会活动起源于宋时，兴盛于明代。明万历年间，汤显祖任遂昌知县时，盛行戏曲，庙会由此成了“会戏”活动，名曰“秋赛会”，因时值农历七月，故称“七月会”。自清康熙年间起庙会规模逐渐扩大，并闻名于周边地区。新中国成立后，这一民间传统文化一直处于“休眠”状态。21 世纪以来，当地以全国掀起保护和抢救非物质文化遗产热潮为契机，倡议恢复“七月会”，得到了乡民的支持和区域间的认可，终于在 2005 年农历七月再度举办，2007 年列入县级非物质文化遗产名录，2008 年列入市级民间信仰类非物质文化遗产名录。如今，每年的“七月会”都会吸引数万名的中外游客和四邻八乡的民众前来欢度这一“民间文化盛宴”，并成了众多国内外媒体争相报道的焦点。[②]

（二）“七月会”的仪式过程

石练“七月会”由 16 个坦轮番值年。[③] 届时，抬蔡相神像出巡，日迎一坦，挨次巡遍，每坦驻一夜，演一夜戏。庙会的整个过程大致包括“斋戒”、“蔡王出巡”、“归庙仪式”三个部分。

“斋戒”，主要指庙会前的准备期。为筹备“七月会”，

---

① 余志远、王水英等：《石练七月秋赛会拉开帷幕》，中国遂昌新闻网，http：//scnews. zjol. com. cn/scnews/system/2010/08/12/012500120. shtml，2010 - 08 - 12。

② 二〇〇五年农历七月七日至廿四日，“七月会”再度举办，有表演队 5 000 余人，观众达 50 000 余人，鼓乐喧天，场面空前壮观。可参见浙江省文化厅网的相关报道，http：//www. zjwh. gov. cn/dynamic/magzine/yk _ detail. php？ article_ id = 818&article_ type = 9，2005 - 10 - 13。

③ 十六坦中挨次轮任值首（迎会理事人），凡十二年轮值一次，如“辰”年是石练街值首，称“迎佛大年”；“丑”年是淤头值首，称“小大年”，其余散坦称“× × 值年当头”，每逢大年、小大年花样特别多，邀请的戏班特别好，赶会的人又多，格外热闹。

值年当头坦全村男、女、老、少一律斋戒半月，直到老佛爷出殿；“蔡相行宫”戏台务必加油刷新；为老佛爷出巡，修桥铺路，沿途凡有阻碍通行的树木、凉棚等均须移栽或拆除；安置外商店面营业，行贾张贴红纸条借位设摊；全家大小各备新衣一套，即使贫贱之户亦得备办；准备会期吃食；双荤（猪、鸡或鹅肉），四干（鱼干、腐干、笋干、粉干），粮食短缺户还得外出借新谷；邀朋约友，呼亲招戚，届时来家观会。俗话说：“家家养起鸡鹅鸭，到时好好待客人；人人做套新衣裳，‘七月会’出客添风光。”笔者调查时发现，庙会理事会对值年理事有明确的任务安排。

值年理事的主要任务①

1. 统计全村人丁，确定甲旗数字（每个男丁一旗，旗分青、红、白、绿、黄五色，每色成对，九百旗为一甲）。

2. 撮认祭品，分派到户。

3. 检查仪仗队用具是否齐全，缺的需要添置或修补。

4. 派遣戏剧行家，外出招聘优秀剧团。遇到“迎佛大年”还得培训“锣鼓调”七人、“十番”十人的演奏人员；派人外出租马，担负“一马三夫”（即马主、马夫、背伞人）的吃食。

“蔡王出巡”，亦称“迎会期”，这是庙会的核心环节，仪式活动高潮迭起。按照惯例，每逢立秋后第一个“辰”日为“老佛爷”出庙日期，巡游十六坦，日巡一坦。迎会期，每坦祭亭，摆起双连祭点，陈列24碗、24碟的祭品②，

---

① 笔者据村民口述整理。

② 祭品分粮果（橘饼、蜜枣、粮果），京果（荔枝、桂圆等），水果（桃、梨、苹果等），山珍（山雉、兔子等），海味（海参、明脯等），小点心（米粉掺入颜色做成的鸟、花卉、鱼等），还有五谷（芝麻豆、高粱、玉米等）制成的工艺品。

还要张贴新联，挂灯笼，披红布横幅，燃烛焚香，迎佛到坦，气氛格外热闹。上午为仪仗队游行[1]，接迎蔡相大帝，佛座到坦，响铳锣鼓齐鸣，剧团演员登台“叠八仙”以庆贺；下午及夜晚演戏酬神，观众云集，将庙会活动进一步推向高潮。仪式隆重而庄重，始终洋溢着欢乐祥和的气氛，“青年男女，打扮得花枝招展，扶老携幼……人人眼笑眉开，一个个欢欣鼓舞，街上人来人往，络绎不绝”[2]。同时，“也是商贾云集、物资交流的好时光，如卖家具、玩具、铁器、丝绸，真是琳琅满目，还有开设饮食、茶摊等，各种商贩应有尽有”[3]。

图 3-4 “七月会”上众人抬着蔡相大帝神像游境

2005 年“七月会”时间、路线等安排[4]

8 月 11 日（农历七月初七）星期四，下午起演大戏。晚上开动员大会、演戏、祭拜。

---

① 仪仗队伍前有穿一身虎斑裙、头扎棕角巾的铳手开道，战鼓、叉锣、鼓亭、铜锣紧随，紧接着是一面锻锈青龙大片旗、蜈蚣旗，再是甲旗（每十甲插三角大旗一面），甲旗尾是大片旗、助旗、大伞及虎头高脚牌八块（上写“肃静、回避、赏善、罚恶”，“蔡相大帝”，“护国佑民”等字样），清道旗、飞龙旗、飞虎旗各两面，五花一对，独达一对。再是“十番”昆曲合奏，箫、笙、三弦、双清、提琴、扁鼓、指营、九云锣等齐鸣，悠扬悦耳。后有台阁表演、莲花落吟唱、马道出巡、腰鼓队表演等，整个队伍错落有致。参加表演的有千余人，均为土生土长的农民，年长者有八十五六岁，小的仅有四五岁。

② 当地人以喜悦的心情描述“七月会”上所见的热闹场景。

③ 当地人以喜悦的心情描述“七月会”上所见的热闹场景。

④ 据丽水摄影网，http：//www.lishui.gov.cn/ztfw/lyzfw/yxls/mzyj/t20050816_91609.html。

8 月 12 日（农历七月初八）星期五，早上六时起祭拜、作道场、择时出巡，首站是黄皮坦。

8 月 13 日，黄皮至金苏坦。以下按顺序为：练兴（移民新村）、上街、中街、下街、安下、姚埠、黄墩、宏岗、项岭头、定溪、爱丰、柳村、路堰、淤头。

8 月 15 日，石练镇所在地，活动场地在大街上和祠堂内。届时所有的仪仗队员也都会参加，所有项目均会亮相，服装也最整齐。大街上演大戏，气氛十分热烈。

8 月 24 日，爱丰至柳村坦。两地路程三华里，大路平坦，视野开阔，有典型的村庄。还有保留完好的祠堂和古戏台。与石练镇仅一河之隔。

8 月 27 日，淤头至石坑口，归殿。每到一地，均有祭拜仪式，祭品各坦均不相同。下午、晚上各有一台大戏，内容也不相同。

归庙仪式，是“七月会”的余兴。“蔡王出巡”十六坦后，还要举行热闹的归庙仪式。归庙后，通常还会在玄沙古庙（蔡王殿）演戏三夜。之后，四方宾客相继散去，一年一度的“七月会”便渐入尾声。

二、传统民间仪式的功能嬗变

民间仪式是介于传统乡村节庆娱乐与乡民日常生活之间最为紧密的一种联系，它在形式上固守了传统，使人们有一种自然淳朴的亲切感。因此，仪式在乡民的日常生活中便有了特殊的存在意义，即它更容易成为影响人们每日生活的因素，进而起到对个人和乡村社会的建构作用，其中既包括个人的价值观念、行为准则、信仰及生活方式，也包括农村社区的权力结构与社会网络的互动方式。[1]

“七月会”举办于农事繁忙的夏耘之后、秋收之前。这一时期辛苦劳碌的村民们相对清闲，狂欢式的祭祀和娱乐较好地满足了乡民的精神文化需求，“人们从早到晚都有戏看，整个会期日日如此，内容日日更新，好热闹者从头到尾日日赶会”[2]，欢快地体验着夏收夏种忙碌之后的乡村乐趣，尽情地休养生息。恰如村民们所言，“七月会”名为迎神庙会，实是人们在夏耘之后、秋收之前农闲时节的一场大规模的世间文化娱乐活动，是商贾云集、进行买卖的乡村物资信息交易会，也是家家户户亲戚朋友的团聚会。[3] 其实，传统民间仪式对于传统村落和社区民众来说，其具有的消遣娱乐功能以及某种仪式意义上的形式功能已为大家所深切感受和普遍认同。

图 3－5 “七月会”上的抬阁表演

（抬阁，又称“抬角”，同“檯阁”，旧时民间迎神赛会中的一种游艺项目。就是人们抬着一个用竹木或铁质材料扎制成的类似“阁”的架子进行表演。它以中国民间传说人物造型为主体，进行精心的艺术设计，具有惊、险、奇、怪、妙等特征，堪称中国民间艺术的一朵奇葩。）

① 何君：《村戏功能的延续与嬗变——以河北省易县 A 乡为例》，《民俗研究》2009 年第 3 期。

② 可参见中国遂昌政府网相关报道，http：//www. suichang. gov. cn/scly/lyzn/msfq/200608/t20060817_20111. html。

③ 《石练七月会》，新华网浙江频道，http：//www. zj. xinhuanet. com/special/2009－03/3/content_15946379. htm。

据笔者对遂昌县石练一带乡村的考察，当地乡民乃至县域周边的人们对每年特定时间举行的“七月会”充满期待；在谈到往年“七月会”的盛大场景、热闹景象和声名远播等状况时，乡民们大多都会提到村镇上的一些精英人物，并会详细描述他们在“七月会”的组织、推动、开展及传播中所起到的关键作用和积极影响，也在无形中流露出了对这些关键人物的钦佩和敬重。显然，“七月会”对当地社会精英和广大普通民众的日常生活都产生了重要的影响，但又正如何君先生在河北易县乡村调研时所发现的，民俗文化及其当代嬗变对乡村社会不同群体的影响在“程度和表现上却各有差异”，普通民众和乡村精英们正以某一传统民俗的延续“实现着自身的目的，进而对社区的社会结构发挥建构功能”①。

（一）“非遗”传承人：乡村文化精英的激活与契合

图3－6　“遂昌十番有传人”

（2006年3月14日，《浙江日报》第六版刊文介绍82岁高龄的石练镇石坑村艺人赖喜能来到石练小学，教传承班的学生唱遂昌“十番”《牡丹亭·惊梦》选曲。）

---

① 何君：《村戏功能的延续与嬗变——以河北省易县A乡为例》，《民俗研究》2009年第3期，第166～177页。

“七月会”中的台阁表演、“十番”表演、莲花落吟唱等充满浓郁地方特色的民间文化展示让山区民众过足了文化瘾，也让乡村文化精英有了广阔的用武之地和成长平台。其中又以“十番”乐队的表演最为突出。遂昌“十番”成形于“七月会”，服务于“七月会”，至今已有400多年历史。[①]“遂昌的县城，大柘、石练、湖山等乡镇在民国时都还有昆曲‘十番’的表演，石练镇的上街、淤头、柳村有‘十番’队，还有女子大班和小班。当时，石练的‘七月会’迎蔡相大帝巡游十六坦（村），各村每十二年轮流值年，负责‘七月会’的安排管理。轮到村里值年的那一年，要组织‘十番’队学习演奏‘十番’。年轻人从正月开始，先学唱，会唱了再分工学乐器。……到‘七月会’时，‘十番’队排在迎神巡游的队伍中行进演奏。……石坑口村的老艺人是民国三十八年（1949年）学的，可以说是以前学过‘十番’的人中最年轻的一批。……”[②]新中国成立后，“七月会”被中止了，因为没有了生存的载体，“十番”演奏逐渐在遂昌民间销声匿迹，这一停就是50多年。据原县文管会干部罗兆荣先生回忆，“1995年以来，曾经走访了许多的老人，都知道有‘十番’表演，也找到过几个老艺人，但都说几十年了，记不起来了。……2000年底，到石练镇石坑口村考察‘蔡王殿’，惊喜地发现，村民赖喜能是一位‘十番’传人，而且还能吟唱‘十番’”[③]。

赖喜能，石练镇石坑口村村民，1925年出生，23岁起

---

① 遂昌“十番”又称昆曲“十番”，是一种民间器乐演奏形式，它由多种乐器组合，轮番演奏数个曲子，所以叫“十番”。汤显祖任遂昌知县时，积极推进昆曲的传播，当地群众传习昆曲，把昆曲演奏运用于民间喜庆活动之中。石练“七月会”的迎神活动采用了这种形式，“十番”由此形成，而且“十番”每年作为“七月会”迎神活动的重要内容，一直延续了下来。

② 据当地“十番”乐队老艺人赖喜能先生回忆。

③ 参见罗兆荣：《遂昌昆曲十番“复活”记》，丽水网，http://news.lsnews.com.cn/system/2011/02/28/010135557.shtml，2011-02-28。

跟随堂哥学习昆曲“十番”。他说：“一提‘十番’，就仿佛回到了年轻时代……自己正是学‘十番’那年娶的亲，一辈子忘不了那段好时光。”在抢救非物质文化遗产的时代语境下，乡民们要求恢复“七月会”的呼声日益强烈，赖喜能、肖根其[①]等老艺人要求重建“十番”表演队的呼吁得到了村两委及县宣传文化部门的积极回应。2001 年起，在赖喜能等老艺人的积极谋划和强力推动下，石坑口村“十番”表演队逐步建了起来，[②]古乐“十番”终于发出了新声，并伴随着“七月会”的重生而声名远扬。2007 年，遂昌昆曲“十番”入选浙江省非物质文化遗产名录，赖喜能被评为浙江省非物质文化遗产——遂昌昆曲“十番”的传承人，终身享受省、县两级政府津贴。2008 年，遂昌昆曲“十番”入选国家级非物质文化遗产名录。2009 年 10 月，肖根其被评为首批浙江省“优秀民间文艺人才”，每年享受政府发给的 3 000 元生活津贴。如今，遂昌全县有六支“十番”队，参与演奏的不仅有老艺人，还有众多年轻人，在石练一带还有女子大班和小班“十番”演奏队，还多次受邀到北京、上海等地参加电视节目制作。“现在我虽然不能再参加‘十番’表演了，可是每次都能看到自己教的学生在舞台上表演，我就很自豪，这么多年的努力没有白费，‘十番’文化可以继续传承下去。”肖根其老人说。

由此可见，“非遗”、“七月会”、“十番”等文化因素的契合，使已经长期处于“休眠”状态的乡村文化精英被唤醒和激活，进而使处于濒死状态的文化遗产得以重生。

---

① 肖根其，石练镇石坑口村人，1932 年出生，19 岁开始学习“十番”。因“文革”期间保护“十番”曲谱，被当地人誉为“十番文化的守护者”。

② 据时任村委会主任曹金坛回忆，“十番”初建时有老艺人四位，分别是赖喜能（教唱）、肖根其（笛子）、赖兴贵（双清）、赖广能（梅管）；年轻人有二十多人报名，选了七位，分别是赖家富（云锣）、赖长富（笙）、赖兴民（笙）、赖兴扬（板鼓）、黄家法（笛子）、赖家长（三弦）、刘发根（提琴）。

从中也不难看出，赖喜能、肖根其等作为乡村老艺人，因自身对于“七月会”及其仪式表演的热衷，经历了一个由热情参与者到组织引领者的演变过程。在此之中，其通过能动性的发挥，凭借各方资源，对“七月会”中“十番”表演仪式这一载体重新塑造，使自身在这方面的优势得到发挥，并以此逐步构建起个人的社会网络，扩大社会资本，提升社会地位，同时实现了文化精英符号在县域内外的流动，也因此获得了一定的收益。

（二）改版的蔡氏神话：乡村经济精英的文化资本化改造

市场经济的到来，使人们视追求财富为理所当然，经济因素影响之大，以至于文化的每一个方面都不能幸免，文化的工业化、商品化成为文化领域发展的一种趋向。[①] 而传统文化的资本化，则是长期在市场经济大潮中博弈的社会精英们为谋求产业发展对相关文化资源的一种基于实用主义的挖掘和策略性运用。这些年来，这种对地方传统文化资源的资本化改造可谓方兴未艾，并被认为是促进地方特色经济发展的有效路径。透过遂昌石练一带的乡村经济精英们对“七月会”文化资源的资本化改造，也可见一斑。

遂昌石练因特殊的自然环境盛产野菊米，清代赵学敏所著《增广本草纲目》记载：“菊米，处州出一种山中野菊，甚香且清圆黄亮，土人采其蕾干之，如半粒绿豆大，云：败毒，散疔，祛风，清火明目为第一，产遂昌石练山。”[②] 石练菊米小有名气，并一度成为“七月会”上供佛的祭品。20 世纪 90 年代中后期以来，靠山吃山的石练人开

① 韦杨波、彭恒礼等：《论民俗文化开发与民俗文化主体的参与》，《中州大学学报》2003 年第 4 期。

② 可参见中国名优特产网关于“中国菊米之乡——浙江遂昌”的介绍。http：//www. myttc. cn/HTML/Showroom/2007/11/09/12857. html，2007 - 08 - 14。

启了野菊米的产业化发展道路。1998 年，生长于当地、现已成为比利时侨领的蓝章铭先生回乡办起了第一家成规模的野菊米生产加工企业——浙江石练菊米有限公司。“听说公司的老板很有想法，叫人查找到了蔡氏兄弟饮石练菊米茶成仙的资料……之后，蔡氏神话就有了新的传说。”如今，走进当地的菊米生产加工及销售企业，我们都可以从企业的宣传资料或工作人员的讲解中获得这一新版的蔡氏传说：

图 3－7　村民在采摘菊米

相传蔡相大帝二十四兄弟在世时，为谋求生路在九龙山伐木，喝稀粥、饮山泉，个个感到头昏乏力，难以支撑。一天晚上，老大在朦胧之中，忽见一白发长须老人告诉他，石练练溪两岸的菊米让弟兄们吃了可壮劲。老大即在第二天告别众兄弟，跋山涉水到了练溪取菊米。众兄弟喝下菊米茶后，顿觉心旷神怡，浑身增添了千百斤力气。后来蔡相大帝遇难成了神，老大封在石练。每年的“七月会”上，人们都抬着蔡相大帝巡游。当地人说，练溪的菊米有清香并有奇效，是蔡相大帝吃过和巡游的缘故。①

“我们下一步要改变‘就菊卖菊’、处于产业价值链低端的现状，积极挖掘产品的文化潜质，实现产品的‘文化融合’，让‘石练菊米’这一拥有悠久历史和深厚文化内涵

① 可参见当地菊米企业的产品资料。也可参见《杭州日报》2011 年 7 月 19 日广告版《遂昌石练菊米香飘四海》一文。

的山野珍品走出国门，香飘四海!”浙江石练菊米有限公司负责人如是说。目前，石练菊米的销售市场不断拓展，菊米已成为当地经济发展的支柱产业和农民增收的重要渠道。

其实，在“开发利用传统文化资源，服务地方经济发展”这样的社会背景下，各地所进行的文化资本化改造都不可避免地要对民族的和地方的传统文化资源进行“符合目的”的整合或“适当”的修造，以迎合可能存在的“文化消费者”的现实需要，进而实现企业自身谋利和促进地方经济社会发展的目的。事实上，地域经济与地域文化是嵌合在一起的。经济不可能游离于地方文化之外而孤立发展，地域文化的传承和弘扬也要求经济发展为其提供支撑。二者作为地方社会发展中的两个重要方面，是可以相互融合、形成良性互动的。文化资源资本化的这种运作方式，将民族文化和地域文化作为一种资源手段或工具在经济的发展中加以积极运用，可以看成是所谓“文化融合”的某种结果，客观上也为地方经济的发展提供了动力。然而，以服务经济发展为核心将传统文化进行资本化改造和运作，这对地方性传统文化自身发展应有的独立性及其创造经济发展动力的持久性会产生怎么样的影响，我们难以断定。

（三）文化策略：乡村政治精英的权威塑造

图3－8　“七月会”上的仪式和表演

改革开放以来，由于农村社会生产关系的变革和市场经济的推进，传统村落权力结构也迅速分化，广大农民群众已不再单纯满足于国家权力的安排，而具有内生性特征的乡村政治精英们则较好地呼应了村民的利益需求和政治诉求。乡村政治精英们依赖政府力量，同时又极力阻止外部力量对村庄的干预。他们虽然不是“体制内”成员，但是善于获取和充分利用国家正式体制对他们的支持，在农村社区重构规则体系，进而对村民权力进行适当的安排，并不失时机地确立自身的威望。

被誉为“乡村第一街”、“文化第一村”的石练村是石练镇政府所在地，由原上街村、中街村、下街村合并而成。全村有 16 个村民小组，491 户，1 523 人，常住人口 2 195 人。因其相对优越的地理位置，“七月会”巡游到上街坦那一天，是活动开展以来最热闹的一天。也因“七月会”之故，石练村的文化氛围比较好，村里许多人在忙完农活空闲的时候，都使出吹拉弹唱的本领，特别是村里有喜事、节庆时，都会来点小文艺。“‘锄头一挂琴棋书画，篮子一放吹拉弹唱’是对我们村老百姓日常生活状况的形象概括，但村里一直没有比较完整的文化组织，大家都比较散。……我在竞选村委会主任的时候，就把这事提出来了，而且简单规划了组织村民做好‘七月会’这篇文章的简单思路，当时就得到了大家的认可。”村委会主任 Z 如是说，“上任后，我就同村里的干部商量，积极争取县文化、旅游、建设等部门和镇里的支持，对石练村的文化资源作更深入的挖掘，并决定依靠这一支撑点，结合旅游开发，将石练村的文化做大、做强。”此时，“七月会”虽尚未正式恢复，然以村民们所期盼的“七月会”为灵魂的文化牌已经在石练村设计好并付诸实施，村干部们喜欢称之为“种文化”。“种文化”活动经村两委的精心设计和大力推动，得到了镇、县两级政府的高度重视，并获得了县内外多家企业和县级部门的财力、物力支持。

上街村两委在总结材料中写道：

> 石练镇党委政府对上街村农民“种文化”活动高度重视，建立了活动领导小组，制定了实施方案，书记、镇长亲自抓，分管领导具体抓。县委、县政府、县农办、县文明办及有关部门单位对上街村农民“种文化”活动工作十分重视，经常过问、视察上街村文化建设工作，并帮助解决困难。最近，丽水汽车运输集团有限公司来上街村结对帮扶，赠送上街村军鼓一套，价值 5 600 元，今年又捐助 15 000 元用于该村的文化建设。桐庐县中国剪纸节筹委会也向上街村捐资 16 000 元用于该村文化建设。村两委还向县文化局争取了一套价值近万元的“十番”乐器。村里专门成立了文化工作领导小组，村支书、村主任任组长，下设九个文体工作小组。①

此后，石练村的台阁、“十番”、家庭文化俱乐部、彩灯等文化表演活动，多次被中央电视台和省、市、县电视台报道，并多次获得国家、省、市、县大奖。与此同时，村里的旅馆酒店和各类商铺如雨后春笋般冒了出来，有一半以上的村民从事文化旅游相关产业，村民人均收入和村集体收入居于全县前列。2007 年 8 月 17 日（农历七月初五），由村委会主任 Z 总导演的“七月秋赛会 · 麻糍文化节”——闹台阁、打麻糍、看大戏活动在上街村隆重开幕，家家户户在村里的五雷街上摆开石臼，庆丰收，打麻糍，村里的女子“十番”队、莲香队、秧歌队、旗幡队、腰鼓队、军鼓队、舞龙队一齐亮相助兴。当天就吸引了三万多

① 可参见浙江在线 2007 年 10 月 9 日报道：《遂昌县上街村》，http：// www. zjol. com. cn/05culture/system/2007/10/09/008862830. shtml。

图 3－9　女子“十番”队在遂昌乡村生态旅游推荐会上表演

（图片来源：遂昌新闻网）

图 3－10　“七月会”上的民俗表演

名游客来上街村参加“七月会”。[①]而且“从 8 月 15 日开始，天天下午和晚上都有好戏看，这些戏班包括河南郑州豫剧团和省内的兰溪市小百花婺剧团、淳安县千岛湖婺剧团等外地剧团。邀请戏班的五万多元钱，基本上都是村民出的”[②]。显然，围绕“七月会”开展的“种文化”活动在石练村取得了预期的效果。“现在，村民都感受到了文化的生产力，精神状态更好了，对搞文化和旅游经济的信心更充足了。”已连续四届当选村委会主任的 Z 信心满满地说，他们要将石练村的文化品牌打响全国，打造一流文化旅游经济强村[③]。

透过对乡村社会生活的考察，我们不难发现，在社区公共活动依然相对匮乏的山区农村，以村庙神灵祭祀为核

---

① 参见新华网浙江频道 2007 年 11 月 2 日报道：《遂昌农民在麻糍里糅合了文化》，http：//www. zj. xinhuanet. com/magazine/2007 －11/02/content_11572466. htm。

② 参见新华网浙江频道 2007 年 11 月 2 日报道：《遂昌农民在麻糍里糅合了文化》，http：//www. zj. xinhuanet. com/magazine/2007 －11/02/content_11572466. htm。

③ 近年来该村先后被评为“省级文化示范村”、“省级文明村”，现正积极创建“全国先进文明村”。

心的庙会及相关仪式活动是生活在村落中的人们非常看重的，往往也是村落中规模最大、最隆重的乡民聚集形式。而作为成长于乡村中的政治精英们都能深刻地理解并巧妙地运用这一重要而难得的机会，提升自身在村落中的影响，进而实现自己的各种目的。为庙会活动出谋划策、捐款筹资、争取上级支持以及在仪式活动中发表讲话、接受媒体采访等形式都已成为乡村政治精英们塑造权威的方式。从这一意义上可以说，当地的政治精英们基于“七月会”这一传统信仰仪式而实施的“种文化”策略，所实现的是在每日生活中权力的巩固和社会地位的提升。当然，这也应该是在石练这样一个并无特殊有利发展条件且经过多村合并的山区村庄仍然保持经济社会较好发展、村落社区和谐稳定的一个重要因素。

（四）乡村普通民众与仪式的融合互动

2011年8月17日（农历七月十八），该年度“七月会”在黄皮村拉开帷幕。当天一大早，黄皮村的村民们就在自家门口摆上了传统祭祀用品，点蜡烛、放鞭炮，等着“闹七”[①] 闹到自家门口。“我们一家人五点不到就起来开始准备了，鞭炮、祭品，家里都安排好

图3-11　“七月会”上

（每年的“七月会”，石练镇街头巷尾人涌如潮。）

① 当地人说法，指蔡相大帝巡游。

了。”黄皮村村民施大伯笑呵呵地说，“我们都很重视这个节日，既是祈求风调雨顺，也是走亲访友的一个难得的机会。”

据村里老人述说，新中国成立前，为迎接“七月会”，各村户户动手，修桥铺路，沿途凡是有阻碍通行的树木、凉棚等都得移栽和拆除，全家大小各备新衣一套，即使贫贱之户亦得备办，村里挨户轮到的要做祭碗、祭盘呀、供“戏子”（指请来的戏班子——笔者注）享用的菜饭呀，盘算老佛爷到坦时，可用已养壮的鸡、鸭、鹅、猪款待客人。现在，村里的老人还经常会念叨这么几句话：“家家养起鸡鸭鹅，到时好好待客人，人人做套新衣裳，七月会出客添风光。”这其中，既有乡民们在往昔经济窘困的状况下对“七月会”可能给自己带来福祉的美好期盼、乐观态度以及对乡村良风美俗的坚守，也有活在当下的老人们对子孙后代勤勉劳作、和睦乡里和乐享美好生活的激励。

图 3 – 12　石练祭品

（据当地人介绍，众多祭品中柳村祭品以供品丰富精巧而闻名。除数盆全鸡、全鸭外，还有上百盆装的鱼肉海鲜、果品糕点。这些祭品主要由柳村老艺人雕制而成。旧时，祭品只是一种食物的摆放陈设。光绪年间，柳村上官家世祖懋显公和鼎一公对祭品的花样加以创新，从而形成了柳村别具一格的祭品，世代相传。从此以后，形态各异、品种繁多的祭品主要用在正月里和七月庙会上。这种习俗延续至今。)

历经数百年传承的蔡相信仰和“七月会”仪式其实已深深地植根于乡民的内心深处。新中国成立后，由于强大的国家力量的干预，“七月会”进入了长期的“休眠”状态，但并没有真正地离开乡民生活，上述赖喜能、肖根其等在此期间偷偷吟唱“十番”便是鲜活的例证。“在文化大革命期间，公社干部要我交出‘七月会’上用的曲谱，说是搞封建迷信。我坚决不交，谱子就好比我的生命。”肖根其老人动容地说。

随着“七月会”的恢复，乡民们的渴求得以激发，创造力不断涌现，仪式的内容越加丰富，参与的人数越来越多。“昨天我走了 40 多里路赶到石坑口看庙会，真热闹。……我是 14 岁第一次看到，现在又恢复了，感觉特别开心。”[①]“佛祖过来啊，大家放鞭炮、摆点东西啊，大家拜祭一下，主要是希望丰收啊。”[②] 更值得关注的是，如今，多数村民已不再“养壮鸡、鸭、鹅、猪款待客人”，不少农户都自家创办了农家乐，还有的村民在镇上建起了旅馆酒店以招待四方宾客，也有的经营起了祭品和土特产生意。“有活时勤勤恳恳干活，空闲时热热闹闹看戏”，平日看似“各扫门前雪”的邻里们，借着热闹的大戏表演，或相互约伴，或互留座位，或讨论戏曲……乡民们在“七月会”期间总能把小日子过得其乐融融。

① 2005 年“七月会”重现，已 69 岁的大柘镇梭溪村叶兆崇老人在观赏后欣喜不已。

② 村民蓝某在 2011 年“七月会”上接受电视台采访时如是说。

三、传统民间仪式的合法性追求与国家权力的征用

“概括地说，‘合法性’表明某一事物具有被承认、被认可、被接受的基础，至于具体的基础是什么（如某种习惯、某条法律、某种主张、某一权威），则要看实际情境而定。”①

图 3－13　“班春劝农”仪式

［仪式上，司仪提请主祭人（县长）诵读祭文。之后，省级部门、市领导和县委书记挥打春鞭。“芒神赐福喽！”伴随着众人的欢呼，随着三声清脆的鞭声，“春牛”肚中溢出无数谷子，人们上前抢谷子。随即，司义宣布献舞，在喧天的鼓乐声中，优雅的采茶舞、激昂的春牛舞、欢快的春鞭舞依次上演。］

传统民间仪式在新中国成立以来的 60 多年间，伴随社会的剧烈动荡历经了沉重的变迁：前 30 年被视为封建迷信和“愚昧落后”的表征而被贬斥、摧毁；改革开放以来的

① 高丙中：《社会团体的合法性问题》，《中国社会科学》2000 年第2 期。

30多年，思想解放运动的深入开展和工作重心向经济建设的转移，为传统民间仪式的复活提供了一定的依存空间，重建庙宇、重兴庙会、重修族谱祠堂等在广大乡村出现了复兴之势，只是在新时代语境下被赋予了新的意义、形态与价值。然而，“大传统对小传统并未完全放任自流，而是继续管理和控制，特别是对与民间信仰有关的活动，一直保持谨慎、限制的态度”①。于是，人们对村落传统民间仪式的复苏既充满渴望，但又因历史的记忆而心有余悸。在这一实践过程中，广大乡民尤其是村落精英正以其草根的智慧，主动适应当前经济、政治和文化环境，千方百计贴近主流话语和植入国家符号，积极谋求传统民间仪式生存和发展更充分的合法性。

（一）仪式中的国家符号

2008年的“七月会”正逢北京奥运会，在遂昌石练，写着“热烈庆祝北京奥运会开幕”等字样的旗帜和横幅醒目地摆在了蔡王巡游十六坦的队伍中。村民们坚持认为，将庆祝北京奥运会与“七月会”仪式结合起来去迎接蔡相大帝，完全是出于石练人民对祖国的热爱和对奥运健儿的祝福，没有上级领导的授意和安排。不过他们也承认，之所以这样做，并不是某一瞬间的灵感突发，而是受到县里一些单位搞节日庆祝游行活动的“启发”。

2009年，恰逢新中国成立60周年，举国欢庆。这一年的“七月会”自然也有了更多的政治寓意。在蔡相神像巡游的仪仗队伍中，由28位着统一服装的当地青年抬着的七块制作精美的标语牌特别耀眼，在队伍中的第一块牌子上醒目地写着“热烈庆祝中华人民共和国成立60周年”，紧

---

① 杨利慧：《仪式的合法性与神话的解构和重构》，《北京师范大学学报》（社会科学版）2005年第6期。

随着的是镇上及各村近年来摘得的国家和省、市、县各级、各类荣誉牌匾，一一在前来参会的领导和宾客眼前展示。①《没有共产党就没有新中国》、《歌唱祖国》、《社会主义好》等红色歌曲在军鼓队的演奏下冲击着人们的听觉。

图3－14　“七月会”上巡游队伍中的军鼓队

（巡游队伍演奏《没有共产党就没有新中国》、《歌唱祖国》、《社会主义好》等红色歌曲。）

当然，每次“七月会”开幕时，都会邀请到各级领导参加，并作重要讲话，以激发村民的热情，发展生产，建设乡风文明和谐新农村。官员们对于广大村民在仪式中所表现出来的爱党、爱国、爱乡的热情自然也是十分满意的。

---

① 可参见浙江文明网：《遂昌县石练“七秋赛月会”欢庆新中国成立60周年》，http：//www.zjwmw.com/07zjwm/system /2009/08/25/015773879.shtml，2009－08－25。

（二）国家在场的意义

“七月会”中，红歌、时政话语、政府官员等国家符号的植入，或可以看作是石练民众对国家和政府认同的一种体现方式。这其中肯定也掺杂着某些所谓“情境性表演”的东西。其实，作为国家主流意识形态向乡村社会渗透的结果，传统仪式在其流变中这种现象的呈现并非偶然和个别。当我们考察新中国成立以来，特别是最近30多年来，石练乡村面貌的显著变化和农民生活状况的日渐改善时，似乎能感觉到这种方式又是当地民众某种真情实感的阐发。尽管如此，通过在仪式中适时恰当地植入国家符号，以实现对国家权力在某种意义上的征用，进而使祭祀信仰和“七月会”获得更充分的合法性，这是毋庸置疑的。更为重要的是，民间仪式通过对国家权力的征用还可以使其增强社会整合力，更好地实现村落社区内外部关系的重新整合。因为农村社会在开放环境下的急剧转型和城市化的巨大吸引力，使山村里的村民特别是年轻人的村庄认同意识渐趋弱化，传统意义上的民间权威和民间秩序面临消解。这样，通过国家符号的恰当植入来提升地方传统仪式的声威就成为当下村落建设中的一种有效选择。

然而，“当国家作为一种符号的在场成为型塑民间仪式的力量时，同时也实现了对民间仪式的征用事实”①，使之成为自身的组成部分。无疑，国家权力对民间仪式的征用是有选择的，其主要依据就是民间仪式自身所潜在的政治文化意义和开发利用价值。通过对“七月会”及其仪式入选各级“非遗”项目以及被列入县旅游发展规划的种种事项的考察，我们还可以发现，民众对于仪式的被征用表现

① 高丙中：《社会团体的合法性问题》，《中国社会科学》2000年第2期。

出异常的积极，因为在他们看来，自己组织的仪式获准征用也就意味着得到了政府的认可和接受，具有了较高的政治合法性。事实也表明，因这种“较高的政治合法性”的支持，“七月会”在获得重生之后迅速地走向了复兴，并与当下的新农村建设互融共生，不断体现着其自有的功能和现时代赋予的存在意义。

第四章 需要就是现实

——张山寨庙会的源起与变迁考察①

乡村庙会是中国民间信仰习俗的重要载体，它是依附于遍布乡村的庙宇、道观等宗教场所的群体性信仰活动而形成的集祭祀、娱乐和商贸等于一体的民俗聚会，其实质在于民间信仰，核心在于神灵供奉。在传统中国，村庙往往是村落的象征，“村村都有庙，无庙不成村”几乎已成共识，偏居乡隅的一座寺院、道观或庙宇，其实都具有地域性文化的符号意义。在公共文化设施相对贫乏的农村，村庙通常还是当地的文化生活中心，并由此与周边村落民众之间生发出种种关联，影响着村域的人文风物和经济社会发展。假使从历史文化的角度看传统村落的结构，其实我们不难发现，它就是一幅以自然环境为依托、以村庙为中心、以宗族血缘为纽带、以经济和文化为支撑交错互动的流动图景。在这之间，乡村庙会不仅传承着民族民俗文化，而且凝结、积淀着特定地域的历史文化内涵，反映着某一地域的自然与人文特色，进而形成了独具特色的地域风物，成为民众文化生活中的一个有机组成部分，不断地凝聚和展现着一定区域民众的宗教意识、思想情感、道德追求、生活向往、审美趣味等。

---

① 据《论乡村传统庙会的现代性重塑——以国家级非遗浙南张山寨庙会为例》修改，原文刊载于《广西社会科学》2013 年第 3 期。注：本篇部分图片来源于浙江在线新闻网和好溪渔翁的博客。

一、古老的山庙，古老的会

庙会是因庙有会，庙却是因山而置。张山寨位于浙南缙云县城东南部。

深山之间，距县城约 20 公里处的张山寨献山之巅有座气势不凡的古庙，当地人称之为张山寨献山庙。庙宇四周岩壑清幽，苍松叠翠，景致宜人。张山寨庙会有很高的知名度，这与它的悠久历史和信奉的神灵有关。

（一）张山寨献山庙的由来与传说

图 4－1　深山中的古庙——张山寨献山庙

人们所敬畏的神灵与建筑物发生关联，原初仅表现为献祭的祭坛、祭台之类。随着人们物质生活的改善、生产技能的提高和对神灵崇拜的不断升华，神灵便有了与人一样的安身之所——庙宇，同时也成为人们祭拜神灵、进行人神沟通的重要场所。至于张山寨献山庙始建于何时，具体年代目前尚无证可考。通过查阅相关宣传资料和访问当地乡民，传说“在明代洪武年间，神女陈靖姑追杀蛇妖至张山寨一带时，心系百姓，普度苍生，乡民感念其恩德，献出山地，聚资建庙供奉，以求世代护佑、蒙受恩泽”[①]。如果传说可靠，此庙建成至今已有 600 多年。据清光绪二年（1876 年）《缙云县志》记载：

① 潘力峰主编：《处州古韵——丽水非物质文化遗产项目精编》，北京：中国戏剧出版社 2011 年版。

“献山庙在十六都。道光四年重建，知县林鹏飞有记。八年本都江绍淹募建。同治七年胡肇修、江清涟等捐修。”由此可以断定至少在清道光之前，庙已存在，且有庙会活动，并在周边颇有影响。几经修建，张山寨献山庙渐成规模。有文献记载，至清咸丰九年，面对正殿就建有平顶戏台、番角戏台四座，翘角飞檐，非常壮观。戏台前建有800多平方米的广场，以卵石铺砌，可容万人。邻近各县及闽、赣各地的善男信女都远道进山祭拜，香客络绎不绝。[1] 至20世纪60年代，为破“四旧”，拆除庙宇，废作他用，庙中神像被毁，庙前戏台同时被拆除。改革开放后，随着国家宗教政策的重新确立，民间集资复建庙宇的热情日益高涨，张山寨献山庙于1985年起陆续重建扩建。1999年，在所在县旅游部门和乡党委政府大力发展生态农业旅游的战略定位下，张山寨献山庙成为规划中的重点景区加以建设，庙宇殿堂焕然一新。

图4－2　捐助献山庙修建信众名单

［张山寨献山庙近年来进行了几次修（扩）建，信众踊跃捐助。］

（二）张山寨庙会的源起与发展

庙会的形成源于祭祀活动，同时还要具备相应的活动空间，通常被看作是地方性宗教信仰与商贸活动的综合体。它一般需包括宗教信仰及相应的仪式活动、信仰和活动所依托的空间场所（主要指庙宇）、广泛的群众基础、相对稳定的季节时令或固定的日期（比如神诞日、重大的民俗节

---

① 潘力峰主编：《丽水民俗活动大观》，北京：中国文史出版社2010年版。

图 4－3　章晚春编《献山庙传记》（陈十四）

庆日等）。[1] 庙会中的商贸活动、娱乐竞技等则是群众广泛参与的必然，也是进一步扩大群众基础的重要手段。作为张山寨祭祀活动及庙宇的设置，民间传说已有 600 多年，而且历来香火旺盛，香客遍及我国东南部各地，这在前文已阐述。对于庙会始于何时，尚未发现相关史料记载，而地方政府和民间都比较一致地认为始于明代万历初年。[2] 当时，乡民将农历七月七日认定为陈十四夫人的诞日，商定每年这一天举行大规模的神诞活动（故张山寨庙会通常又称“七七会”）。确定张山寨献山庙周边胡村、沿路头、雅江、溶溪、大源等为神诞大会主事点，每年轮流，轮到主事的村点，自筹资金，组织“迎案”[3] 队伍，上献山庙祭祀陈十四夫人，并在庙前表演

① 刘慧著：《泰山庙会》，济南：山东教育出版社 1999 年版。

② 可参见缙云张山寨庙会“非遗”申报相关材料。

③ 迎案，就是缙云民间百姓自发组织、自发参与，恭抬着供奉有各自地域内最敬仰神灵的香亭，在威严仪仗和许许多多传统武术和艺术表演队伍簇拥下，巡游乡里，尽情表演的，集民间信仰和传统武术、杂技、舞蹈、造型、器乐为一体的娱神乐众的大型民俗展示活动。可参见麻松亘：《缙云“迎案”民俗及其兴衰》，《丽水方志》2011 年第 3 期，丽水市地方志办公室，http：//xt. inlishui. com/html/2012/ms_0523/639. html。

节目。因陈靖姑信仰的广泛传播和主事村落的热情投入，更因神诞活动与牛郎织女鹊桥相会同期，本地和邻近省、县的青年男女和虔诚信众纷至沓来，跪拜祈福。小小的山寨，人山人海，通宵欢腾。小贩闻讯而至，“乡野土货、瓜子点心”，叫卖声不绝于耳，一派繁荣兴旺的景象。[①] 按这种地方性文化记忆，完整意义上的张山寨庙会的出现也就水到渠成。自此，张山寨庙会成为人们认识浙南山水人文，沟通人与神、人与自然、人与人之间以及山民与外部世界的一种综合性社会活动，代代传承，绵延不绝、声名远播。到 20 世纪 60 年代，庙宇被拆，庙会自然废止。20 世纪 80 年代中后期以来，随着献山庙的复建，庙会几乎同时恢复，日渐兴盛。2009 年张山寨庙会入选省级非物质文化遗产名录，2012 年入选国家级非物质文化遗产名录。作为非物质文化遗产，张山寨庙会已成为民族传统和浙南地域文化的有力承载者和扩散者，通过庙会中各种世俗的形式彰显着其中的神圣品格、真实纯朴的乡民生活和鲜明的地方特色。同时，作为一种延续至今的地方性民俗文化符号，庙会也在社会变迁中不断地进行着自我调适和选择，将传承的观念表现于具有时代象征性的意义模式之中，促进人们之间的沟通，并发展出对人生的知识及对生命的态度。[②]

二、世俗的情感抑或虚幻的寻觅

庙会不仅仅是一种具有宗教意义的群体性活动，更是

---

① 潘力峰主编：《处州古韵——丽水非物质文化遗产项目精编》，北京：中国戏剧出版社 2011 年版。

② 王铭铭著：《西方人类学思潮十讲》，桂林：广西师范大学出版社 2005 年版。

图4－4　请神起案迎案

［正日清晨，隆重的请神（佛）起案仪式是必不可少的。百姓自发组织，自发参与，恭抬着供奉有陈十四夫人的香亭，在威严仪仗和许许多多传统武术和艺术表演队伍的簇拥下，巡游乡里。］

一种必须不断再现的节日①。在这样一个既神圣又世俗的节日里，“凡圣同在，人神相欢”。在此期间，神圣的东西仿佛不再是虚无缥缈的幻象，“人类的存在才似乎从虚无和死亡中被拯救出来”②。在现实生活中，不断地重复节日以应

① 王建光：《张力与裂变：地方性视野中的庙会文化及其转型》，《华南农业大学学报》（社会科学版）2011年第3期。

② 王建光：《张力与裂变：地方性视野中的庙会文化及其转型》，《华南农业大学学报》（社会科学版）2011年第3期。

对神圣的再现，使人们得以如期体验到留存于神圣之间的欢愉，同时也得以经常性地体悟自身得到的神圣性以及对现实生存意义的升华。其实，张山寨庙会的形成发展过程，也是广大民众不断生发出各自美好愿景并寄托于其中的过程，他们是虔诚的、善良的。在他们看来，自己的一举一动可能带来的影响绝不是虚幻的观念，而将会实实在在地发生。他们相信，有陈十四诸神灵的护佑，一切都会好的，或是将来肯定会好起来的。

（一）陈十四夫人——一位慈善可亲的希望之母

在我国东南地区有两大得道仙姑备受民众崇拜，一是被称为“陆上女神”的陈靖姑，一是被称为“海上女神”的妈祖。张山寨献山庙供奉的主神就是陈靖姑，浙南民间多称之为陈十四夫人。[①]“临水夫人”、“顺懿夫人”、“通天圣母”、“顺天圣母”、“大奶”、“奶娘”、“娘妈”、“夫人妈”等也是浙闽等地民众对陈靖姑的亲切称呼。不难发现，所有的敬称都跟“母亲”有关。

陈十四夫人既是助产神，也是驱邪神，民间凡求子、祈雨、驱疫，均往祷告，“其应如响”。而且，陈十四夫人的神格还在不断提高，职能日益宽泛，已演变为多功能的女神。在张山寨，来自四面八方、成千上万的信众除了到庙里上香祭拜外，大多还会夜宿山庙祈福圆梦。陈十四夫人这位广大民众的希望之母，如此深入人心、备受信奉，这既是张山寨庙会文化的魅力所在，也是陈靖姑宽厚亲近、平凡质朴的人格特征所致。

---

① 陈靖姑在历史上确有其人，《三山志》、《闽都记》、《八闽通志》、《福州府志》、《福建通志》及福建诸多县的志书都有记载，历代帝王对之也多有敕封。清代乾、嘉之际，陈靖姑的故事就被收集进《闽都别记》。可参见陈奋隼：《陈靖姑文化在浙南》，《福州晚报》，2006 年 8 月 3 日。

1. 平凡的身世，慈爱正义的化身

日常人们所见的神像大多“圣像庄严，罗列阴森，不敢久立”[1]，而张山寨献山庙中的陈十四夫人形象，慈眉善目，仪态端庄，“有着美丽而丰满的面容，给人一种可以信赖的庄重的感觉”[2]，眉宇间又有一股凛然不可冒犯的威严。在香客的心目中，陈十四夫人是一位慈祥的圣母，在护佑着自己的家园和子孙。他们“怀着极大的心愿，认为这种心愿不到张山寨就无法祈祝祷”[3]。

关于陈靖姑的身世，浙闽等地流传甚多，比较一致的还是她的平民出生。她生于唐大历二年（767 年），福州城外仓山下渡村人氏，18 岁嫁与古田人刘杞为妻，自幼心地善良、勤劳聪慧，“少年时上闾山学法，满师下山后，一路降妖除怪…… 救民于水火，不顾自己身怀六甲，为民祈雨，屈死成神”[4]。平民也可入道成仙，体现了普通民众对自由生活的渴望，也体现了底层百姓对现实束缚和生活压力的抗争。在浙南一带广为流传的《夫人咒》中有对陈靖姑形象的生动描述：“脱了罗裙穿神裙，头戴铁盔身穿甲，手执神刀和神铃，身骑铁马救良民。”[5] 展示了陈十四夫人传奇的色彩、济世的仁心。这些也正是陈十四夫人信仰有着坚实的道德基奠和深厚的社会基础的根本原因。

2. 可敬可依的老母，女性的精神所系

陈靖姑的平民出生及其仁慈美丽的女性特征是其他诸神难以比拟的。从发生学的角度分析，陈靖姑信仰应当是从女性开始的。在夫权制和封建礼教的束缚下，妇女备受

---

① 可参见张岱在其所著《岱志》中对泰山诸神的描述。

② 庙会时，受访的香客们如是说。

③ 庙会时，受访的香客们如是说。

④ 陈奋隼：《陈靖姑文化在浙南》，《福州晚报》，2006 年 8 月 7 日。

⑤ 苏尔胜、周巨展：《陈十四娘娘信俗》，http：//wz. people. com. cn/GB/140256/218362/14748893. html。

压制，社会地位和家庭地位缺失造成的生理及心理重负，迫切需要寻求精神上的慰藉和依托，进而获得身体的解脱、灵魂的自由。加之古代医学不发达，缺医少药，妇女难产、婴儿夭折多有发生，平安顺产是妇女们最大的心愿和祈望。陈靖姑正是在这样的背景下由一名为民解难的普通女子演化成无所不能的神祇。历史变成了传说，人演变成神。甚至，人们因为其母慈，还将其视为天下之正神。据相关史料记载：“南宋淳祐年间，朝廷封陈靖姑为‘崇福昭惠慈济夫人’，赐匾额‘顺懿’。……由于浙闽台各地信奉者众，雍正七年（1729 年），陈靖姑被封为‘天仙圣母’。……咸丰年间，又被加封为‘顺天圣母’，封号几近妈祖。”① 在浙南闽北一带，民间佛教信众多把陈十四夫人看作观世音菩萨的化身之一。的确，作为一位女神，仁义慈善、和睦可亲，而且斩妖除魔、侠义凛然，值得信赖和依托，人们自然愿意将心中的压抑和期盼与之倾诉，祈望神灵赐福，有求必应。

3. 扶胎保育之神，现实生活之主

陈靖姑是妇幼保护神。“相传道光帝后难产，皇帝祈求临水夫人相助，后果然灵验。道光帝遂连呼‘临水夫人真乃朕的再生父母’，陈靖姑因此被御称为‘太后’。”② 陈靖姑能“扶胎救产，保赤佑童”的种种传说，在浙南民众之中产生了深远影响，并不断扩散。如今，浙、闽、台以及苏、赣和东南亚各地都还保留着“请花”、“求子”、“请奶过关”等习俗，已婚妇女纷纷前往夫人庙，表达早生贵子或子女平安健康的夙愿。

人们围绕陈十四夫人保护妇幼的功能，根据自己的需要不断创造出更多与生儿育女相关的各种职能。随着祀奉

① 《陈靖姑信仰》，http：//news. fznews. com. cn。

② 卢星：《海峡两岸一家亲——走进国家一级博物馆“中国闽台博物馆”》，《石狮日报》，2012 年 7 月 22 日。

图4－5　浙南一村落陈夫人殿内布景

的信众增多且复杂化及声名的日渐隆盛，她的职能也随着信众意念的转变而日益扩大。至今，差不多凡间万物的兴隆衰败、吉凶祸福她都能管了。如此，八方宾客慕名纷至沓来，请香报赛，皆先有事祈祷于陈十四夫人，而后及他处。在浙南闽北诸地，民众基于对陈十四夫人的景仰，还形成了一些禁忌民俗。比如，女子十八不婚嫁，祭祀用鸡不用鸭，轿不点灯，香灰常扫等①，并逐步发展成为一种地域文化现象，至今一直影响着民众生活的诸多方面。

（二）“七七会”——夏耘秋收之间农闲时节的乡野交响

1.“七七会”的多重意义

当人们在一定的季节或某一具体的时日，不约而同地集结到庙中，举行大致相同的祭祀活动，并逐渐程式化、

① 女子十八不婚嫁，二十四不生育。这是由于陈靖姑18岁出嫁，24岁因祈雨而胎毁身亡。祭祀时用鸡不用鸭。这是由于传说陈靖姑祈雨时，蛇妖和长坑鬼曾经变成鸡来坑害她，而鸭则来营救她。因此，妇女坐月子也都用鸡不用鸭。轿不点灯，香灰常扫。相传陈靖姑坐化为神后，蛇妖阴魂不散，苦苦哀求仙师开恩：“小妖何时出头？”陈靖姑下咒说：“除非临水宫中铁轿开花，天地炉香灰瓮满。”可参见《陈靖姑信仰》，http：//news. fznew. com. cn，2007－08－23。

规范化，那么庙会的会期就定型了。陈靖姑的诞辰，记载较多的是正月十五。因此，“每逢农历正月十五，妇女们都到附近的娘奶宫进香请愿，祈求平安，未生育的已婚妇女则请‘花’祈子。……有的乡村在这一天（也有提前一天开始）拥抬娘奶銮驾，遍游乡境；亦有由其他乡村轮流留驾，若干天后再迎銮驾回宫；还有与其他神社一起迎游的”[①]。在张山寨，每年农历的正月十五、七月初七、十月十五都有群体性的祭拜活动，而将农历七月初七定为陈靖姑诞辰之日可能唯有张山寨献山庙。对于神灵的诞辰时间，在不同地区有一定的变化是很自然的。虽然信仰相同，但所据的传说不同，具体生辰日期也就不同。至于在浙南张山寨，时人为何选择七月初七作为陈靖姑的诞辰日，实已无从可知。当我们从宏观的视角和张山寨当下的存在状态进行审视时，其实不难发现，农历七月正是当地百姓在夏耘之后、秋收之前的农闲时节，人们有进行交流沟通的时间和需求，而祈神娱人、物资交流、联亲会友皆可满足人们的需求。同时，七月初七正是中国传统的“女儿节”，对中国的传统女性有特殊的意义，在这样的日子举行庙会活动，祭拜女性之神——陈十四夫人，自然能吸引更多的善男信女参与其中。如今，每逢“七七会”，通往献山庙的四条山路上都挤满了人，人群中，情侣成双，夫妻成对，未婚少男少女在父

图4-6　欢腾的张山寨庙会

（四面八方来的游客、香客把小山村挤得满满的。）

① 《临水女神陈靖姑》，《福州晚报》，2004年10月22日。

母的陪同下，随身携带香纸、鞭炮及水果等祭品往山上赶。

2. “七七会”中精彩纷呈的迎案活动

图4－7　迎案队伍

图4－8　庙会上的表演——叠罗汉

“迎案”民俗包含着大量的历史文化、崇拜信仰、民风民俗等信息，又汇集着丰富多彩的民间绝活绝技和民间工艺美术、音乐、舞蹈、戏曲、造型等艺术形式。[①] 每年参加“七七会”的案队有几十个，近万人。每年七月初七这一天，参加庙会迎案活动的人员未到黎明，便来到张山寨山脚，数十个案队按序紧随首事村的巡神仪仗队，齐往献山庙。顺着崎岖的山路，迎案队伍边走边演，表演内容有叠罗汉、跳秧歌、三十六行、十八狐狸、大莲花等。到达献山庙后，各村各队按历规在庙前广场叫阵和进行跑跳表演，竞相献艺。数十个具有浓郁地方特色的传统节目一个接一个地上阵，快慢交替，高潮迭起，变化无穷。数万在前一天夜里上山的香客遍布在山坡上、田埂上、菜地间、小道边，小

---

① 麻松亘：《缙云“迎案”民俗及其兴衰》，《丽水方志》（内部资料）2011年第3期。

小的山寨，人山人海，中心场地更是人头攒动，水泄不通。游客闪光灯集聚，鼓掌声、惊叹声、叫好声此起彼伏，在山野间回荡。卖点心、水果、地方特产和香纸烛炮的小贩早早就在山路上摆上了摊位或在人群间拥挤叫卖，各色的吆喝声在此汇聚成曲。长达5个小时的演出结束后，各案队和香客依次绕圈进入庙内朝拜陈十四夫人。演过节目，拜过娘娘，求得神仙的护佑，大家脸上都露出了满足的笑容。随后，人潮渐渐散去。乡民种植在路边的瓜果蔬菜被庙会中拥挤的人群踩坏后，却也无人抱怨。

“靠娘娘有得吃，靠娘娘有得穿。”村里的老人说：“过去（指新中国成立前），‘迎案’一般从七月初二开始，到七月初七结束，设案坛的村要连续演一个星期的戏，并免费招待各方来客吃饭，客人越多，福气越大，家家户户摆宴席、老老少少穿新衣，比过年还要热闹。”① 在旧社会，底层百姓辛劳一年，所得无几，难得在夏耘之后、秋收之前的农闲时节借庙会之机乐一乐。现在，乡村民众的生活水平虽已显著改善，温饱无忧，但借此乐一乐依然是众人所盼。事实上，它已然成为中国传统村落的文化盛宴。

三、庙会文化功能的延展与调适

任何一种文化事项的产生、发展都是由相应的社会基础所决定的。庙会作为一种在特定的宗教信仰基础上衍生出来的社会文化现象，当其所依存的经济、文化和社会时空发生变化时，其自身构成、社会影响和功用发生调整也是在所难免的。乡村传统庙会中所形成的神圣与丰富多彩的世俗的有机融合，在当代已经形成了一定程度的文化裂变，即神圣与世俗之间的调适与背离。这种“调适与背离”

---

① 笔者访谈笔录。

表现为，双方在使得各自成为互相否定的力量时，却又在不断强化“他者”的主体性特色、地方性角色及文化符号意义。结果“使庙会曾经有过的神圣与世俗的双重内涵及其精致的结合发生改变，并影响到当地的社会发展和庙会文化的功能性彰显”①，乃至“动摇了它生存的根基”②。在浙南张山寨，人们处于对传统庙会文化的依恋期，试图将其与现代的社会生活“嫁接”，并为此作出了不懈努力。据章晚春先生2004年编写的《献山庙传记》记载：“2000年以来胡源乡党委、政府，边抓生态农业发展，边抓旅游业开发，报经县旅游局批准，组织开发张山寨献山庙景点。现已建成陈十四宝殿及部分配套设施，此处将以崭新的面貌，喜迎嘉宾。”③ 如今，在这样一个偏远的山村，山庙已然气势磅礴，红墙青瓦、挑檐翘角的建筑群掩映在青山绿树之中，已然成为此处最别致的风景。随着山庙主体形象的重建和角色的凸显，其社会功能也得到进一步发扬，对周边社会的影响和辐射更为有力，表现形式也越来越复杂。与此同时，由于政府部门的积极介入和参与统筹，庙会活动的组织化和规范化程度、制度化水平进一步提高，明显地呈现出了“半官方”状态。④ 相对于政府部门在庙会活动中作用的日益突出，庙会活动的宗教色彩渐次消退，而作为地方发展文化休闲、经贸活动和开发旅游产业的重要资源的属性愈加明显。在经济力量主导的发展模式和评价制

---

① 潘力峰主编：《处州古韵——丽水非物质文化遗产项目精编》，北京：中国戏剧出版社2011年版，第246～247页。

② 刘慧著：《泰山庙会》，济南：山东教育出版社1999年版，第29页。

③ 章春晚编：《献山庙传记》（内部资料），2004年。

④ 自2000年以来，当地成立了张山寨献山庙景区管委会。作为庙会的主要牵头单位和组织单位，乡党委副书记任主任负责庙会的筹备工作及组织管理等工作，制定庙会相关实施方案等。庙会期间设会务组、宣传组、治安组、消防组、财务组等机构，具体负责方案的落实，确保庙会“安全、有序、高效”开展。

度影响下，庙会甚至较为深入地卷入了地方的经济事项中，并在一定程度上起到了带动作用。地方政府或得益于庙会丰富的民俗风情和历史文化积淀的影响力，或借助于国家非物质文化遗产的辐射力，重塑了地方形象，也在客观上推动了地域经济社会的发展。

图 4－9　现通往献山庙的道路——新修通的水泥路

（汽车可到庙脚，路口大石上刻有“献山景点”字样和指示标志。）

然而，从文化存续与理解的角度说，地方性知识需要历史叙述，其价值诉求是维系当地人群的历史记忆。[①] 著名文化人类学家克林福德·吉尔兹曾在其著作中为人们全面系统地解析了地方性知识的必要性以及怎样获取并运用地方性知识。有学者认为吉尔兹关于“地方性知识”的人类学解读可以归结出这样一些特征：首先，地方性知识总是在特定地域，民众长期在当地生产、生活获得经验的基础

① 龙先琼、杜成才：《存在与表达——论地方性知识的历史叙述》，《吉首大学学报》（社会科学版）2008 年第 3 期。

上形成的，是相对于以西方知识为本位的现代性宏大叙事而言的。其次，地方性知识一定是与当地知识掌握者密切关联的知识，不可脱离 who、where 和 context 的知识。① 再次，地方性知识也是在村落社区人际关系合理性实践的基础上形成的，尽管与国家法律及其他一些现代性规则可能并不十分吻合，但仍具有很强的实用性。② 关照张山寨庙会的当下发展，庙会这一地方性知识作为现代性视域中的“他者”，正在“经济发展”导向的政绩观和现代性力量的作用下被重新塑造。在这一过程中，庙会文化的内容附加和现代性演绎充溢着情感和功能的悖论。随着“文化搭台、经济唱戏、政府主导”理念的日益强化，庙会中的宗教文化痕迹逐步消退，其神圣性和地方性也日渐消融，同时，庙会文化的世俗性和显性功能这一面却是体现得淋漓尽致。

其实，神圣性与世俗化、娱乐化并不矛盾。在农业社会，庙和庙会因其具有一定的宗教色彩而一直是乡村民众重要的信仰之所和怡养性情、寄托情感之处，在缓解乡村社会矛盾和调节乡村社会秩序中体现了其内含宗教精神的社会稳定价值。在现代社会，传统庙会倡导的素食理念和佛教主张的消费伦理所体现的生态观仍然具有强烈的时代意义。当下，幽静的山庙和欢腾的庙会相得益彰，也成为在激烈的社会竞争中挣扎前行的人们心灵休憩的场所。但需要注意的是，世俗化、娱乐化都是有限度的，过强的经济味道和功利需求必然使庙会走向庸俗化，这也意味着其将会消解掉我们所期待的效果。庙会可能成为一种非物质文化遗产，其存在前提即是神圣的“庙”与世俗的“会”的有机融合，但其内核就是地域气质与人文精神的传承。

---

① 吴彤：《两种“地方性知识”——兼评吉尔兹和劳斯的观点》，《自然辩证法研究》2007 年第 11 期。

② 龙先琼、杜成才：《存在与表达——论地方性知识的历史叙述》，《吉首大学学报》（社会科学版）2008 年第 3 期。

乡村传统庙会的现代性重塑，既要重视“庙”，也要重视“会”，既要重视庙会经济意义的彰显，更要重视庙会文化意义的存在，积极引导庙会功能现代性裂变的方向。

图 4－10 缙云张山寨“七七会”，乡村浪漫热闹非凡

（2011 年 8 月 5 日，《浙江日报》对张山寨“七七会”的情况作了专题报道，称之为“中国情人节”的回归。）（图片来源：浙江新闻网）

积极发掘乡村传统庙会的文化厚度，丰富其时代内涵，以增强地域性传统文化的辐射力和影响力，是乡村传统庙会过往存在和延续的生命所在，更应是其当代发展的基本走向。在全球化和后现代背景下，“许多重要的政治、经济与文化现象，都应该联系到地方性文化与全球系统之间的关系，在我们时代最重要的文化现象中，有一些与作为整体的全球系统的反应和解释有关”①。一方面，“全球化迫使

① 刘晓春：《全球化时代的地方性时空想象》，http：//news. artxun. com/xiqu－379－1891182. shtml。

社会、文明和传统——既包括‘隐蔽的’传统又包括‘发明的’传统——的代言人转向全球性文化场景，寻求被认为与他们的认同相关的思想和象征”①。在此情势之下，否定和消融庙会文化地方性、民俗性、传统性的力量正在不断强化。另一方面，我们更应关注到，也正是全球化使“人们不断升腾着对特殊性文化的关注和日益增多的对特殊性的预期”②。从这个意义上说，庙会作为一种重要的文化现象，全球化时代也是不断滋养和塑造其地方性、民俗性的过程，是一个关于地方性知识逐步被接纳和融入更为强大和更具理性化的文化系统之中的过程。在这一过程中，我们应自觉坚守乡村传统庙会文化特殊性的向度：一要进一步发掘其精神积淀，丰富时代内涵，彰显地域风情和文化特色，同时还应努力挖掘其发展演变规律，总结探索现代社会中促进其发展的有效经验及可操作性模式、方法等；二要重视庙会在地方经济文化发展中的角色正位，引导、规范庙与庙会在促进经济交流、服务社会等诸多方面作用的发挥，特别是不应以纯经济目的对庙会文化体系进行刻意编纂和改造，以致其文化厚度被削弱，文化内涵进一步虚化；三要把握民众在选择、创造、享用、传承乡村庙会这一文化体系过程中显现出来的地域气质和民俗风格等，主导对庙会及其所包含的各种传统文化符号的社会功能、存在意义的解读，使之在全球化和文化普遍主义的潮流中保持着自身的独立性和影响力。

---

① 刘晓春：《全球化时代的地方性时空想象》，http：//news. artxun. com/xiqu－379－1891182. shtml。

② 金民卿：《全球化的文化效应与民族文化的发展前景》，《学术探索》2011 年第 2 期。

第三编

民间信仰的现代性转型及其可能

第五章　“非遗”概念下的民间信仰

——廊桥的“神化”与“去神化”[①]

廊桥，民间又称屋桥、亭桥、瓦桥、虹桥、花桥、风水桥、风雨桥或福桥等，在中国已有 2 000 多年的历史。现多见于浙南闽北一带的木拱廊桥因桥梁和廊、屋、亭的巧妙结合，使其成为中华古桥梁建筑中的绚丽奇葩。明末清初著名学者周亮工曾这样描写闽北古廊桥：“闽中桥梁，最为巨丽，桥上建屋，翼翼楚楚，无处不堪图画。”[②] 这种堪称巨丽图画的古廊桥迄今保存数量之多、工艺之巧、造型之美、承载内容之丰富以及与周边环境之和谐，在世界桥梁史上也堪称一绝，被认为是中国在世界桥梁史上的独特创造。[③]“凡事先功利而后艺术”，“杠梁以成，人不覆危”。这种木拱廊桥显然是桥梁技术日渐成熟、桥梁功能日趋多元的产物，它既变溪涧为通途，更融交往娱乐、景观地标、艺术观瞻、自然生态、神灵祭祀等于一体。并且，随着古代中国经济社会的发展，儒释道的传播，以及先民对水的崇拜和民间信仰的兴盛，廊桥的结构性功能日益弱化，作

---

① 据《廊桥的“神化”与“去神化”》一文修改。原文刊载于《广西大学学报》（哲学社会科学版）2012 年第 2 期。

② 周亮工：《闽小记》，上海：上海古籍出版社 1985 年版。

③ 2008 年 6 月，以浙闽两省的庆元、泰顺、寿宁、屏南五县为主，申报的“中国木拱桥传统营造技艺”被国家文化部确定为国家非物质文化遗产。2009 年 10 月 1 日，以闽浙两省的屏南、寿宁、周宁、泰顺、庆元五县为主，申报的“中国木拱桥传统营造技艺”被联合国教科文组织正式列入《世界急需保护的非物质文化遗产名录》。其实，黔东南、桂北一带特别是在侗族地区也是廊桥现在的集中地，廊桥在这一地区多被称为“风雨桥”。近年来，当地政府也把廊桥作为民族标志性文化和吸引游客的重要资源大力扶持旧桥维修和重建。

为祭祀场所的功能得到强化，逐步成为乡村民众主要的心灵休憩空间之一，人们把生、老、病、死、幸福与平安都寄托在廊桥这一具有“神性”的“生灵之物”上。也正是由于这种物质文化与精神文化在其中的不断交融延伸，成为古廊桥充满活力的源泉，使得古廊桥成为地域文化乃至中华文化品格鲜活的、有力的记录者。

图 5－1　木拱廊桥

（我国木拱廊桥集中在闽浙边界，主要分布在福建寿宁、屏南、周宁和浙江泰顺、庆元、景宁等地。黔东南、桂北一带，特别是侗族地区也是现存廊桥的集中地。木拱廊桥被誉为我国桥梁的“活化石”。2009 年，“中国木拱廊桥传统营造技艺”被联合国批准列入首批急需保护的非物质文化遗产名录，成为世界级遗产。）

进入现代社会以来，分化这一强大动力使得古代社会的混沌性被现代理性和科学所打破，宗教就是作为宗教而存在的，不再与世俗的事象相联系。[1] 加之，由于中国传统民间信仰的非正统性与非制度性，古廊桥的“神性”受到沉重冲击，正被世俗化的生活所取代，传统民俗文化功能随之消退。如何真正实现古廊桥文化的活态传承与发展，智慧的民众正在神化与去神化的博弈中努力寻求融合当下社会意识特征的“神性”回归之路。

一、廊桥：天、地、人、神的空间

古代廊桥的产生与发展在本质上是一个逐渐实现更大跨度的实践过程，其间寄予了人们更多的形式美感、实用功能和精神意义。依据舒尔茨的场所理论，廊桥建构场所，即特定的地点、特定的建筑与特定的人群相互积极作用并以有意义的方式联系在一起的整体[2]。其意义并非来自所谓的功能设置、空间关系、结构组织等抽象的分析范畴，亦非来自穿行于其中的社群或肤浅世俗的经验，它是由自然环境和人造环境有意义聚集并实现天、地、人、神四重交融的产物。可以说，廊桥建构场所使人们获得了一个存在的立足点，知道自己“居于天空之下，大地之上，神圣者面前，在大地上劳作，仰望星空，以神性度量自己”，理清自己与环境的关系并与之形成一个整体的和谐气氛而获得安全感，进而立足现实、超越俗念、秉持仁爱，得以“简单地生活，诗意地栖居”[3]。

---

① 高师宁：《艾弥尔·杜尔凯姆：宗教是社会的象征》，《中国民族报》，2011 年 8 月 2 日。

② 郭红、莫鑫：《诺伯格－舒尔茨的场所理论评析》，《四川建筑》2004 年第 5 期。

③ 罗瑞宁：《城里“人”与“诗意的栖居”》，《广西大学学报》（哲学社会科学版）2011 年第 4 期。

（一）廊桥与自然环境的融合

图5－2　桥与自然风物风情浑然合一

“桥梁横跨河流……它并不是连接了已有的河岸。河岸之所以成为河岸是因为桥梁横跨了河流，是因为桥梁才有了可跨越的河岸，是因为桥梁才使两岸相向延伸。河岸也不是作为平地上的两条带子无动于衷地沿河延伸。通过河岸，桥梁给河流带来河岸后面的地景，它使河、岸、地互为邻居。桥梁使大地在河边聚集成地景。”① 廊桥建构场所容纳天地人神于一体，首先是指廊桥与自然环境有机结合，创造环境，聚集地景，“以至于它容许为之有一场地”。中国古廊桥有几个突出特点：分布上南方多，北方少，偏远地区多，发达地区少；种类丰富，造型多样；地域特色明显等②。这些与科学技术、人文环境相关，更与先民们崇尚天道与人道相整合的朴素自然观以及避凶趋吉的环境意识密不可分。“桥梁之设，原以利行人也。形家以水口紧关为利，似不可信，而有可信者。邑城南里许，两山分峙，瀑布悬崖。故明万历丁巳，乡夫建桥于其间，不过资利涉耳。俄而棣萼

---

① ［德］海德格尔著，陈伯冲译：《建·居·思》，载杨永生、王伯扬主编：《建筑师》（47），北京：中国建筑工业出版社1982年版，第83页。

② 蒋烨：《中国廊桥建筑与文化研究》，中南大学博士学位论文，2010年，第87～88页。

联镳，后先继美，邑人利之，非形家言是非臆造也。”[1] 闽北浙南山区青山绿水间，镶嵌着460余座神韵各异的廊桥[2]，每一座都经历了数百年的风雨，且无一不与“风水”密切相关。有的建在山坳上把风，有的建在水上把水。如始建于民初的三峰桥为闽北现存最长且历史最久的廊屋拱桥之一，其实它是一座旱桥，并无通行功能，把住村庄“风水”是其存在的重要意义之一。如乡民们所言，“把水和风把住了，就形成了一个聚宝盆”。通常廊桥的建造选址要对村落“风水”和桥台地理位置二者统筹考虑。浙闽山区村落的选址多依山傍水，作为村落重要组成部分的廊桥，就与风水学中的“水口”、“水尾”密切关联。庆元县举水乡月山村是闽浙山区村落建设中较典型的一例，村庄在群山环抱下，顺着水流的方向，依次排列着来凤桥、香桥、如龙桥和步蟾桥，村尾桥和水尾桥分开设置，二者交相辉映，共同锁住整个村落的命脉，同时也体现出自然景观和人文景观的良好结合。透过“风水”意识，我们可以看到古代乡民社会对于环境吉凶的极端关注，既关注廊桥内部的环境吉凶，更关注廊桥外部的环境吉凶乃至整体的人居环境。在一定意义上，也正是这种极为重视自然、顺应自然的“风水”意识，形成了中国古廊桥与自然环境的理性交融，有效地表达了广大乡村民众对自然认同和社会变迁的文化解读，寄托了民众期盼与自然和睦协调、维系良好的生存空间和不断提高生活质量的美好愿景。

（二）廊桥参与了意义的制造

廊桥的意义并不在于跨越河流。若仅仅用来连接河岸两端以跨越河流障碍的话，前人已创造和实践了很多种可

---

① 参见清代董永孚所撰《重修登云桥记》。登云桥位于浙江泰顺罗阳镇，2005年被确定为浙江省省级文物保护单位。

② 据蒋烨对浙闽一带廊桥分布状况的调查。

供选择的有效方式，如搭条石、筑石蹬、编竹排、摆独木桥等都是古时乡民跨越河流与障碍的常见方式。一般建造廊桥的地方山高路远，交通闭塞，现存的闽北浙南山区的廊桥也大多建在山谷的村落和古道旁，秀美恬静，在青山绿水间与古村落相映生辉，形成了独特的自然与人文交融的文化景观。而这一由自然和人文环境组成的整体恰以一定的方式聚集了乡民生活世界所需要的事物，更重要的是使其蕴含着精神，制造了有意义的空间，人的起居行旅、人的在世存有、人的身心宽慰、人的操劳安逸都在此空间生发。

图5－3　桥上的神龛

在坚守“万物皆有灵”的传统乡土社会，几乎所有的建筑活动都与宗教活动或民间信仰相伴随。廊桥作为乡村社会中一项大型的公共建筑，自然被赋予了超出其建筑本身的更多意义，包括一些与之无法分割的神秘属性。造一座桥，从选址、动工到结束，必须具备系列程序，包括堪舆、择日起工、置斩喜梁、祭河动工、上梁喝彩、取币赏众、踏桥开走、上喜梁福礼、完桥福礼等。[①] 所有这些程序都反映着人们在自然、神灵、自我、社会各层面的共同心理趋向，呈现出浓郁的传统信仰习俗和民族文化特质。

① 政协宁德市文史委编：《闽东虹桥实录》（内部资料），2003年，第97～102页。

图5－4　庆元端午走桥习俗

（端午走桥是在庆元县流传至今的、与廊桥密切相关的自发性传统民俗活动，每年的农历五月初六，也就是端午节的第二天拂晓开始，而且过程十分考究。首先，走桥人要在廊桥中间设供桌摆上祭品，上香祭拜。随后，走桥人手持十双香，肩持六个粽子，唱着吉祥小调，跳着传统祭祀舞蹈，以边走边舞的形式往返桥头桥尾十次。每走两个来回，从廊桥上往河里扔一个粽子。走完十趟，再到桥下河边烧香祭拜并将祭品扔入河中。最后，走桥人回到廊桥上再次烧香祭拜，燃放鞭炮，带着在桥上祭拜后的祭品回家与家人共同分享，寓意子孙兴旺、福禄无边。2012年7月，该项目被列入第四批浙江省非物质文化遗产名录。）

与神庙紧密结合是古廊桥区别于其他桥梁建筑的一个重要特征。据考察，现存的古廊桥中大多设有神龛，如福建寿宁存留的66座古廊桥中有51座设有神龛；福建屏南县存留的61座古廊桥中有53座设有神龛，而且有的桥屋内还设有多个神龛，同时供奉多组神灵①。在浙江庆元、泰顺、景宁等县存留的数百座古廊桥的情况也大体如此，有的在

① 据蒋烨对浙闽一带廊桥分布状况的调查。

桥中设神龛，有的在桥头设神龛，有的除在桥中设神龛外，在桥头又再设神龛。各座桥内神龛祭祀的对象不一，祭祀的时间也不同，但以春节正月居多。每月的农历初一、十五也是乡民祭祀的日子。还有的按农历“通书”上的指点——某日可“祭祀、还愿”等，这也是乡民的首选。

其实，在乡民们看来，作为沟通此岸与彼岸的桥梁，与佛教中所说的“此岸世界”、“彼岸世界”有着某种相通之处。因而，廊桥与神庙的结合似乎也就成了必然，甚至连桥的名字也带有浓厚的本土化信仰色彩，如“仙宫桥”、“普济桥”、“福桥”、“风水桥”、“步蟾桥”、“思贤桥”等。桥中神龛祭祀的对象有佛教神祇观世音菩萨，道教神五显大帝，门神神荼、郁垒和秦琼、尉迟恭，也有义薄云天的关帝爷，以及能给读书人带来好运的文昌君和财神爷赵公明。更有一些留功德于民间的地方性神灵，如陈靖姑、马仙姑、忠烈王等。除此之外，还崇祀传说中掌管现实生活各个方面的杂神和半神。每逢行祀之时，也是村落中最隆重、最热闹的时候，虔诚的乡民从四面八方聚集到桥上依次轮流祭祀，既祷告村居人丁兴旺、又祈求来年风调雨顺、财源广进、合家安康。在此，我们可以感受到，生活在偏远村落中的乡民们对神灵的崇拜，如同对乡间习俗、祖宗先人的依恋一样，成了精神生活的一部分。于是，廊桥便成了传统古村落的“精神地标”，被淳朴的乡民们视为“生灵之物”而受到景仰，它的生命也因信仰和仪式而永久延续。

二、敬畏与超越：廊桥信仰文化的精神内核

古廊桥是一种用来跨越障碍的精美构造物，将不同的两岸、两端或两级联系起来是其最基本的形态。这种联系其实就包含了对山涧河流在内的自然物的敬畏、对生命的

敬重，也包含了古时乡民们源于自然超越自然的美好愿景和精神品格。

（一）对自然的敬畏和对生命的敬重

图5-5　庆元县举水乡月山村如龙桥上的神龛

（这座神龛规模较大，就像是一座庙宇，日常祭祀者较多。）

在主客未分的传统乡土社会，人与周围环境具有高度统一而未分化的特征，对乡民们来说，“纯物理的现象是没有的。流着的水、吹着的风、下着的雨等任何自然现象、声音、颜色，从来就不像被我们感知的那样被他们感知着……他们的知觉是由或多或少浓厚的一层具有社会来源的表象所包围着的核心组成的”①。在一切自然现象中，如同在他们自己身上、在同伴们身上、在动物身上一样，统

① 转引自尹明耀：《中国人的思维方式》，http：//www. frchina. net/forum-new/viewthread. php？ tid =34170h，2006 -08 -14。

统见到了“灵魂”、“精灵”、“意向”。[1] 因周围的一切都被

图 5-6　新建的濛圩桥及桥头一侧新建的庙宇

（此处最早于 1264 年建有濛洲桥，1992 年濛洲桥毁于火灾，后迁建于庆元县城。在民间力量的推动下，于濛洲桥原址新建了如今的濛圩桥，因桥上未获许建神龛，村民集资在桥头一侧建了一座新庙。）

赋予了灵性，也就导致了人们对自然的尊畏，人与自然也就处于一种和谐的状态中。修建廊桥，作为传统村落中的一件很重要的工事，既体现了乡民的意愿，也打破了人与自然和谐统一的原有秩序，乃至触犯到神灵。在选择桥址时，人们要察地形、观风水，在造桥工事中，人们会用一套祭祀活动来体现对自然的尊畏和对生命的敬重。造桥工事开始时，人们会祭河，表示对河神的尊重，以保佑建桥工匠和廊桥的平安；上梁时要祭梁，预祝整个工程的顺利圆满，乃至期望将来使用的完美以及给主事者、使用者带

① ［法］列维-布留尔著，丁由译：《原始思维》，北京：商务印书馆 1997 年版。转引自胡荣华：《从彝族丧歌“阿古伙”论彝族灵魂意识和死》，http：//www. lsad. cn/Article/ ShowArticle. asp？ ArticleID =6959，2011-01-10。

来好运和福气，同时要拜祭先祖鲁班，表示对行业先辈的崇敬；廊桥完工之时，人们要祭桥，期望廊桥坚固耐用。在廊桥祭奠仪式过程中，还要在祭河、竖柱、上梁、圆桥时置办四次福礼酒席，以飨神灵与工匠。每年七夕，也是人们祭桥的时候，乡民们会用一套祭祀活动来祭奠神灵，同时寄托自己的祝福。

廊桥建造中各种信仰和仪式的存在，无疑与人们“冒犯了自然形成的空间境界”有关。在工匠和乡民看来，修桥一事必然触犯山川河流等各路神灵的禁忌而可能招致劫难，于是就希望通过种种象征性的仪式进行人神交流，进而安抚神灵，以求得廊桥乃至整个村落本身的安定。同时，在工程技术尚不发达的年代，在深谷险涧中架设廊桥是十分危险的，能工巧匠们除了努力寻求技术上的突破，自然也会寻求精神上的支撑。乡民们通过各种仪式，期望与超自然的神秘力量建立起某种联系，使工程得以顺利进行，也借此保佑建桥者的生命安全。

图 5－7　濛洲桥

（易址新建的濛洲桥装饰考究，雕梁画栋，成为山区小城的一道靓丽风景线，也是市民日常休闲聚会的重要场所。）

从这个意义而言，古廊桥的修建与存世是在信仰和仪式精神中被实践的，换言之，修建廊桥本身就是一种信仰仪式，它承载着古时乡民们显于外的态度、行为以及敛于内的焦虑和渴望等。事实上，这一系列的信仰和仪式活动也逐渐成了约定俗成的规矩而为后来的工匠们所坚守。如2004年9月起重建的泰顺同乐廊桥就沿袭了古代廊桥建造的习俗，并于2006年12月17日举行了盛大的圆桥仪式①，还有舞龙灯、演木偶戏、孩子们跳当地特有的舞蹈八仙灯等。村民们还举行百家宴，宴请各方来宾，万民庆贺同乐廊桥正式落成，热闹非凡。

（二）超自然的理想

先民们在长期同大自然的博弈中，用小杆件编织的形式，实现了大跨度的拱形结构，超越了木材本身的长度限制，因地制宜创造出木拱廊桥这一种符合当地地域条件的桥梁形式，在技术上创造了划时代的壮丽结构。这既是人类智慧和技艺的展示，也是人类勇气和魄力的体现。此时的廊桥，其存在的意义不仅仅是建筑学上的，更是中国古代乡民们融入自然、超越自然的美好愿景和人格化自然的朴素情怀的物化表现形式。人们把自己的感情、欲望、经验投射到廊桥这一精巧的建筑形式上，并寄予它一种放大了无数倍的超自然力量，从而构筑自己的理想体系，并坚守自己纯朴的道德观、价值观和人生观。冯特在讨论相同的万物有灵论观念产生于不同时期极不相同的民族时声称：

---

① 2006年12月17日凌晨3点，传统的圆桥仪式正式开始，村民们先后祭天地、祭桥等。祭拜时间很长，由专门的人员一直进行到当天下午。而上午同时舞龙灯、演木偶戏，孩子们跳当地特有的舞蹈八仙灯等，以供乡民们观赏。当天上午10点30分，同乐廊桥的设计者和建造者董直机老人领人把廊桥上最后一块空缺的桥板钉上，乡民们先后从桥上走过，名为“踏桥”。如此一来，圆桥仪式就算圆满结束。之后村民们举行百家宴，宴请各位来宾。参见翁卿仑：《见证圆桥仪式》，《温州日报》，2006年12月24日。

“它们是神化时代的意识的必然产物……在这种意义上，原始万物有灵论便必须被看作是人们自然状态的精神表达，我们的观察能够达到的就这些。”① 也恰如休谟所谈到的：“人类有一种普遍的把所有存在物想象为和他们自己一样的思想倾向，并会把他们熟知的、他们直接感受到的那些性质转移到每一个对象之上。”② 于是，无论出生、生病还是嫁娶，从起居旅行到互通有无、从德性教化到进取功名、从爱情到事业、从理想到信仰，传统村落中的种种习俗都与廊桥有关，乡民们在自己的建筑物中表现了自己的“栖居哲学”和终极理想，生命与桥同在，桥与村落兴衰息息相关。廊桥因此有了现实中的利民渡涉与观念中普度苦海众生的双重意义。乡民们无论经济实力如何，都愿意做出虔诚的举动，纷纷捐钱、捐工、捐木料，想方设法对廊桥进行营建与维护。从乡民的热忱中似乎可以感受到建桥修桥“就是希望给神灵提供方便，希望把神灵迎回家，这样神灵就可以与乡民共同生活，也可以给乡民带来福音，永保村落平安”③。廊桥在历史的风雨变迁中能破了又修，毁了又建，始终都是乡间一道靓丽的风景线，并在今天成为世界文化遗产中的一朵奇葩，盖多缘于此。

三、去神化：“生灵之物”的“神性”游移与追寻

显然，古代廊桥的神性化与近现代科学的精神是完全

---

① ［奥］西格蒙德·弗洛伊德著，王献华、张敦福译：《论宗教》，北京：国际文化出版公司2001年版，第80页。

② ［奥］西格蒙德·弗洛伊德著，王献华、张敦福译：《论宗教》，北京：国际文化出版公司2001年版，第80页。

③ 访谈中，村民如是说。

不相容的。同时，“分化构成了现代社会的历史境遇”①。马克斯·韦伯曾从文化上来解析现代社会的形成，他的一个重要发现就是分化。他认为，西方社会由传统形态向现代形态的转变，其中一个重要的方面就是传统社会那种宗教形而上学世界观的解体，宗教的与世俗的事物区分开来，宗教的神学观念被人的理性观念所取代。② 无疑，现代社会的科学与理性也打破了古廊桥的神性，廊桥的许多超自然功能正日益被世俗化的生活所取代。然而，要使古廊桥这一文化遗产真正成为焕发着蓬勃生机的“鲜活体”，而不是“标本型”的研究对象，需要我们在当代中国的语境下努力探寻其本真性的回归。或许也正如涂尔干的社会整合理论所阐释的：社会整合不足或过度都会引起社会问题甚至社会混乱。当社会分化过度导致社会分裂及价值冲突的时候，价值危机的加剧凸显出社会整合与价值整合的重要性，整合必将成为现代社会的普遍诉求和价值指向。③

---

① 社会分化体现为社会领域分化和价值领域分化，它所指认的是社会各领域及其价值原则相互独立、获取各自合法性的历史进程。参见王虎学、万资姿：《分化与整合：现代社会的哲学诠释》，《山西师大学报》（社会科学版）2009 年第 4 期。

② 叶原：《晚明绘画中“心学”因素的嬗变》，西南大学硕士学位论文，2009 年。转引自蒋烨：《中国廊桥建筑与文化研究》，中南大学博士学位论文，2010 年，第 164 页。

③ 参见郭景萍：《涂尔干——整合社会的集体感情研究》，《学术论坛》2006 年第 3 期。同时参见王虎学、万资姿：《分化与整合：现代社会的哲学诠释》，《山西师大学报》（社会科学版）2009 年第 4 期。

（一）超自然力量的消解

图 5－8　廊桥上的旧神龛

（在“去神化”过程中，神龛已被清洗干净，神像被移除，但三座神像的印迹依然可见。）

近代中国，屡遭侵略，饱受凌辱，政治、经济和文化领域都受到了沉重打击。作为桥与屋有机结合的具有鲜明民族文化特性的建筑艺术，廊桥也未能逃脱衰落的厄运。值得重视的是，紧随着西方列强对中国坚船利炮的军事入侵，包括基督教在内的西方文明也迅即进入了中国。其实，基督教这种一神教提供了一个将自然去神化的条件。它告诉我们，自然是上帝的创造物，本身不是神，如果说自然有神性的话，也只是折射了上帝本身的智慧。所以自然的去神化就消除了各种各样的万物有灵论，消除了各种各样

的物活论，从此以后你就不再相信我们身边东西里面都有神。[①] 特别是一批又一批仁人志士在反抗西方列强入侵的同时，又积极学习和传播西方的先进文明，或许还期望通过嫁接西方先进文化以达成中国文化的自新。他们以西方宗教和现代文明之标准来评判中国传统文化，视之为低端的、落后的文化，视传统民间信仰习俗和超自然力量崇拜为迷信，包括整体的国家宗教和民间信仰的鬼神都在破坏之列，只有破除这些迷信，社会才得以进步。所谓“冲决过去历史之网罗，破除陈腐学说之囹圄”，就包含了把人从超自然的力量的束缚下解放出来，赋予人以独立的主体地位的思想。从新文化运动开始尤其是1919年之后，对于民间信仰的批判，对于迷信的界定，基本上落入了政治和意识形态的范畴之中。[②] 新中国成立以后，在一段时期内，盲目地厚今薄古，受极“左”思潮的影响，再经过一次次的思想解放和“四清”、“破四旧”等文化上的“革命”，民间信仰及其仪式出现全面断裂[③]，“头上三尺有神明，人在做，天在看”也只不过是一种口头上的说法。当然，古廊桥的神性及其内涵的超自然力量也消解殆尽，其物化的外壳或因人为拆毁，或因年久失修，或因水火灾害而受到前所未有的摧毁，造成了不可估量的损失。在当下，仅存不多的形态完整的古廊桥大多也只是旅游经济热潮中的观光标本而已，形单影只地摆放着。

---

① 吴国盛：《近代科学的起源》：http：//blog. sina. com. cn/s/blog_51fdc0620100a21r. html，2008－06－17。

② 宋红娟：《“迷信”概念的发生学研究——对非物质遗产保护工作一个难题的探讨》，《思想战线》2009年第3期。

③ 张祝平：《民间信仰60年嬗变：从断裂到弥合》，《福建论坛》（人文社会科学版）2009年第11期。

（二）“神性”的游移及乡民的坚守

图 5－9　兰溪桥桥头新建的观音堂

（因桥上的神龛被清除，村民集资在桥头一侧建了观音堂。）

改革开放以来，随着国家宗教政策的宽松、传统文化的重归以及人们对现代化进程的反思，以民间信仰为核心的传统习俗迅速得以复苏。然而，打击“封建迷信”依然是主流口号，发生于古廊桥的神灵祭祀活动受到限制。但源于乡民内心的对古廊桥“神性”回归的召唤始终没有停止过，乡民们正以朴素的智慧创造着古廊桥“神性”新的生发空间。坐落于浙闽交界庆元县五大堡乡蒙圩村的濛洲桥于元代至元元年（1264 年）建成后，几度被毁，几度重修，最近一次是在 1992 年毁于火灾。之后十余年里，为了重建濛洲古廊桥，民间力量持续涌动，民间智慧持续激发。在民间文化工作者的推动下，乡民们主动迎合地方“打造古廊桥文化名片，发展生态旅游经济”这一旅游业发展的主题定位，最终赢得了地方政府的支持和参与。重建工程自2006年11月30日正式开工建设，于2008年8月31日完工，历时630天，民间自发筹资953万元[1]。濛洲桥重建采用传统手法，是我国现有单跨最长的仿古木拱廊桥。古桥的重建反映了当地百姓与廊桥的不解之缘。但更值得关注的是，在重建过程中，由于“官方不同意在桥上重新修建神龛，我们只好把桥神请回村里”[2]。因此，“在筹集建桥资金的时候，我们也是在筹集村庙修建资金”[3]。事实上，乡民们重建了廊桥，也重建了村庙，他们是在以自己朴素的智慧追寻和留守着廊桥的神性。再如，福建省屏南县代溪镇忠洋村古时在村子的水尾处建有“忠洋花桥”，在距村落三里之外的差溪上建有“金钟桥”（当地乡民取其形又称“虾姑桥”）。两座桥在20世纪80年代大规模的乡村公路建设中均面临毁桥修路的实际风险，然而命运却截然不同，金钟桥被拆，而花桥不但获得了保留，且村民们还积极捐钱、捐工、捐木料进行了

图5－10　乡村古廊桥

（浙南闽北一带乡村常可见的古廊桥，已成了传统村落的点缀之物，也在一定意义上成为村落精神的象征。此桥上建有的小阁楼，通常又称为魁星阁，内祀奉魁星。）

---

① 张建平、薛建国：《庆元百姓自掏腰包建成中国最长廊桥“濛洲桥”》，浙江在线新闻网站，http：//zjnews. zjol. com. cn/05zjnews/system/2008/10/09/010009226. shtml，2008－10－09。

② 访谈中，村民如是说。

③ 访谈中，村民如是说。

翻修。因为在乡民们看来，“金钟桥离村子远，对村子的风水起不了大作用。而花桥把住水尾，关乎村子和百姓的风水，不能动”①。“所以说，人类形成的第一幅世界图景——万物有灵论——像一种心理上的世界图景，它不需要任何科学的基础”②，“万物有灵论、宗教和科学，如同三幅宇宙的伟大画卷，其中最先产生的万物有灵论可能最严密最彻底并对宇宙的本质作出了的确十分完整的解释”③。

四、基质本真性：廊桥文化精神性的依存

图5－11　庆元某社区的廊桥文化长廊

基质本真性，指的是非常稳定的因素（如文化事象的基本性质、结构、功能、价值观），是指一种事物仍然有它自身的专有属性，是衡量一种事物不是他种事物或者没有蜕变、转化为他种事物的一种规定性尺度。对于非物质文化遗产事象来说，基质本真性是它的真髓和灵魂。灵魂在，则事象在；灵魂变了，则事象也随之改变；灵魂消亡，意味着事象生命结束，它可以变，但它已经不是原来的事象了。④ “桥梁是一

① 访谈中，村民如是说。

② ［奥］西格蒙德·弗洛伊德著，王献华、张敦福译：《论宗教》，北京：国际文化出版公司2001年版，第95页。

③ ［奥］西格蒙德·弗洛伊德著，王献华、张敦福译：《论宗教》，北京：国际文化出版公司2001年版，第80页。

④ 刘魁立：《谈非遗的保护：基质本真性是非物质文化遗产的真髓和灵魂——中国社会科学院举办第九次国学研究论坛》，《中国社会科学报》，2010年8月26日。

国文化的表征。”中国古廊桥构成了涵盖建造技艺、民俗风情、文学艺术等诸多饱含中华民族特质的文化图景，是一份物质文化与非物质文化交织的珍贵遗产，不仅是中国的，也是世界的。保护和传承古廊桥的文化精神，最基础的要求应当是避免丧失其最基本的属性，因为丧失了最基本的属性，廊桥的生命也就结束了，或者说不再是它自身了。为此，需要通过人们自觉的努力让廊桥文化精神融入当地的社会文化环境，实施其与环境的整体性保护，并在理想的状态下尽可能保持其原有的属性。只有这样，才能真正地实现廊桥文化及其精神的活态传承与发展。

图5－12　2011年12月2日，全国首家廊桥专题博物馆——中国庆元廊桥博物馆正式开馆

（该馆以廊桥为主题，从历史、技艺、自然、人文、保护等方面来解读廊桥文化，集收藏、展示、教育及研究于一体。）

然而，非物质文化遗产保护从抢救开始，到民众意识被唤醒和文化自觉是一个漫长的过程。着眼当下，“功利”

常常会压倒“意义”，把能够为文化发展提供助力的非物质文化遗产作为追逐功利的手段，这其实并不鲜见。在建设新农村、推进城市化与发展旅游经济的热潮中，在文化强国和增强中华民族文化影响力的时代强音的召唤下，如何根据文化遗产保护原则，坚守廊桥文化的基质本真性，从而使它保持旺盛的生命力，并且折射出中华传统文明的精髓和古时乡民的智慧，显得尤为必要和迫切。

图 5－13　政和县岭腰乡锦屏村水尾廊桥

（这座始建于清朝中叶的廊桥的横梁上，竟以老宋体刷写了“社会主义好”、“建设山区以农为乐”、“专门利人风格高”等革命标语38 条。）

其一，在廊桥文化遗产保护中要慎用产业运作模式。纵观诸多地方对“非遗”文化的保护实践，在考察成熟的基础上进行适当包装和创意对“非遗”项目是有一定帮助的。如广西百色地区基于对壮族布洛陀文化资源的有效挖掘与整合，通过创作高水准的文艺作品加强对这一“非遗”

文化的大众化阐释，利用多种传播形式拓宽这一“非遗”文化的传播主体和受众范围，以民族特色精品游打造文化品牌，也有效地推动了布洛陀文化在当地的传承、保护和发展。① 但“非遗”保护的重点和目标不在于让遗产项目实现其商业价值，即使进行产业化发展，也应以不损伤文化品质和原生性的基础为底线。

其二，政府应为“非遗”保护提供必要的“文化低保”。对于非物质文化遗产的保护和利用，保护始终是首要的。对于廊桥这种已逐步失去其原有物质性功能且正濒临消亡的文化遗产，需要政府给予“文化低保”福利，包括建立廊桥文化遗产教育培训基地，选拔培训传承人，乃至创办博物馆等。在这些方面，浙闽等地的地方政府已有较好的可供推广的经验。同时，在保护的过程中既要精选典型、注重效率，也要体现文化保护的公平性，正视传统文化的生存权利。在政府主导下让一部分旅游经济显见的古廊桥重现繁荣，而另一部分继续走向消亡，其实就是对多样化的文化生存权利的忽视。或许“无用之中即有大用”，但相关部门意识不到。

图 5－14　北涧桥

（北涧桥为叠梁式木拱廊桥，泰顺廊桥之一，位于浙江省温州市泰顺县泗溪镇下桥村，为“姐妹桥”之一，被誉为“世界上最美的廊桥”。）

① 黎明洁、陈李君：《广西壮族“布洛陀”文化品牌发展探析》，《广西大学学报》（哲学社会科学版）2011 年第 5 期。

其三，尊重“非遗”文化自身的发展规律。坚守廊桥文化的原生态是很有必要的，一味地迎合市场以换取显见的经济利益必然偏离“非遗”保护之根本，结果得不偿失。但“民俗不是一成不变的，随着生产方式和生活方式的改变，传统社会向现代社会的转型，一些民俗会发生变异，还有一些民俗可能会消失”①。对于廊桥这种珍贵的文化遗产我们当然要精心保护和传承，但如果只记住了文化进行传承性，而忘记了文化的变异性，固执地以“不变”来要求廊桥文化的现世存在，显然也不符合事物发展的自身规律。因为，我们对古廊桥的保护也就是为了让这一文化遗产在现时代延续其魅力和活力。若是为了保护而保护，脱离现实语境进行传承，那么当生活空间和精神空间纷纷变异时，文化空间的保护只能是空中楼阁。束之高阁、在表面形式保护下的文化遗产也将不再与现世群体及其体验密切相关，“失去了它本真的、质朴的性质”②。

① 陈金文：《非遗保护与民俗学研究间的理想关系及实际状况》，《河南社会科学》2009 年第 3 期。

② ［美］戴安娜·克兰著，赵国新译：《文化生产：媒体与都市艺术》，南京：译林出版社 2001 年版，第 144 页。

第六章　乡村传统庙会的尴尬与选择

——杭州地区两个乡村庙会的现代性转型之考察①

图6－1　杭州吴山城隍阁

庙会也称香会、庙市、香市等，是因庙而生成的以具体的神灵信仰和祭祀仪式表现出来的群体性聚会，在它的发展过程中，又与政治、经济、文化及自然生态等诸多因素相伴相随、融合互动。杭州自古繁华，庙宇林立，香火旺盛，由庙宇产生的大小庙会，遍布城乡，难以计数，特别是自南宋以来，杭州成为北方商贾集中之地，庙会文化更加丰富，庙市空前繁荣，逐渐形成了一系列南北交融又极具杭州地域特色的庙会文化习俗。据清代范祖述撰《杭俗遗风》记载：西湖香市可分为“天竺香市”、“下乡香市”、“三山香市”三种。其中以“天竺香市”为最早，因农历二月十九日为观音圣诞，“全城老的少的，丑的俏的，无不云集，途为之塞。有忏会者，二月十八日晚即许出城，自茅家埠起，一路夜灯，至庙不绝”。“下乡香市”，以苏州、常州、无锡、杭州、嘉兴、湖州等地种桑养蚕各乡村村民男女为主，一

① 据《尴尬与选择：乡村传统庙会的现代性境遇》一文修改。原文刊载于《湖北民族学院学报》（哲学社会科学版）2014 年第 2 期。

乡一村，结伙成队，乘坐香船来杭，停泊于松木场、拱宸桥一带，多时达千百只，河道堵塞无隙。有的以船为家，自带糕粽为食。香期延续一个多月。而“三山香市”[①]，在苏杭各地都有“香会”组织，由长者领队带路，数百十成群，肩挂黄香袋，腰系红带，头裹白巾，结伙而行，要在一天之内，来回百余里，烧遍三山之香，名叫“翻三山”[②]。在此期间，香客除烧香拜佛外，沿途踏青赏春，自有一番情趣。此外，山上山下遍布看相、测字摊，还有唱庙台戏、卖唱小曲、变戏法、耍杂技、斗鸟以及店家、小贩在庙宇周边和沿着通向庙宇的山路边设摊卖字画、卖花等。人们赶庙会往往是“闻风而去，满载而归”[③]，这极大地促进了周边物资的交流和商贸的发展。可见，在古时的杭州，庙会作为传统民俗中的一种极具代表性和影响力的集体性活动，在广大民众特别是乡村民众的日常生活中，其存在和发展的意义是不可低估的，作用也是多样化的。其中，既有我们熟知的祭祀神灵，寻求心灵慰藉的一方面；又有通过整合与创新留存于民间的各种艺术因子（如民歌、舞蹈、杂耍等）来娱乐神灵，实际上愉悦自己身心的一方面；还有通过庙会中人群的广泛交往、神德的传播，促进友谊、整合秩序、加强团结、教育晚辈、交流信息和传播文化等方面的功能。此外，还有如扩大区域影响、促进文化经济化和商贸交流、发展旅游事业等功能，体现了庙会的多重价值。

文化的本质不是既成的事物而是流变的过程，传统文

---

① 指的是天竺山、小和山、法华山三处的香市，分别供奉观音、玄天上帝和东岳大帝。

② 《杭州的香会与庙会》，杭州热线，http：//hzlo. com/html/200804/21/195039436_2. htm。

③ 《春节特刊·庙会大盘点》，《新农村商报》第 5364 期第 A6 版，http：//epaper. shangbao. net. cn/news－36572. html。

化一直处于“生生不息”的继承与变异的对立统一发展之中，旧的形式不断被新的形式所代替，但在新的形式中又包含着持久恒常的民族精神。[①] 庙会文化从孕育成形开始，到逐渐成为人们的日常生活习惯，最终为历史所接纳，其演进与发展也是一个不断求新、求变、求开放的过程。秋来暑往，年复一年，庙会长存常新，成为一个传播民族文化和地域文化的大舞台。杭州地区的庙会，如同我国其他大多数地区一样，在经历了20世纪50年代后期以来的近30年的短暂隐匿（也或消逝）后，也得到了迅速的恢复，发展至今，其构成要素、表现形式、规模及社会功能较之以前都有了较大的变化。

一、存在状态：两个乡村庙会的考察

（一）党山庙会：无神无庙，庙会文化将何以为继

党山以山命名，位于杭州萧山区东部，与绍兴市柯桥区仅一堤之隔，曾属柯桥区，是浙江省百强乡镇。党山庙会源于雷公庙会，据当地乡民介绍，在党山还是钱塘江边一片滩涂之时，周边百姓居舍常遭雷击而毁，为祈求平安，修建雷公庙以祀之，但具体时间无考。据《嘉庆山阴县志》载，“农历六月二十四日为雷公生日，多集会祭祀，供米粿（雷公粿），祈求雷神保佑一方平安”[②]。由此可见，党山雷公庙会足有百年以上的历史。新中国成立初期，党山雷公庙会仍如期举办，会期三天。自1952年起，庙会虽保留了迎会等基本要素，但逐步转向以物资交流为主，并呈现出非常态化。“文革”期间，雷公殿被毁。至1988年，物资

---

① 《中华传统文化》编纂委员会编：《中华传统文化大观 · 前言》，北京：中国大百科全书出版社1993年版。

② 转引自《党山庙会由来》，http：//www. xsnet. cn/2006_ subject/d3jdsmh/mhyl/2006/10/10/196748. shtml。

交流会停办，党山雷公庙会随之消逝。

至 2004 年，在民间文化工作者的极力推动下，在当地党委政府的支持下，党山庙会得以孕育重生，然却已是脱胎换骨。一是启用了新的名称——党山庙会。

图 6－2　党山庙会开幕式上的表演

据当地民众反映，“当时也有人提议继续沿用‘雷公庙会’，体现庙会的特征和历史，延续传统民俗，但是镇里的领导认为不妥”。二是举办时间上发生了变化，不再沿用雷公生日，而改为每年的 9～10 月间。三是无庙无神，这是重生后的党山庙会与传统庙会的最大区别。因为无庙，活动场所多设在学校、文化广场、社区文体中心、企业等地；因为无神，整个活动都与神灵信仰和祭祀无关，活动内容主要为民间艺术巡游、商贸展销、文艺表演、体育竞技、教育论坛等板块，未见任何雷公信仰的痕迹，也未见其他神灵信仰及宗教仪式活动。四是组织严密，整个活动的开展由镇人民代表大会确定，成立由镇党委、人大、政府部门领导和社区、村、企负责人组成的领导小组，同时设立艺术迎会工作组、文艺宣传工作组、商贸展销工作组、资格审查工作组、体育竞技工作组、安全保卫工作组、后勤保障工作组等，以确保活动按既定要求和目标顺利开展。五是政府主导庙会的宣传和动员，并提供一定的经费保障，以吸引和鼓励社区、村、广大民众参与。

图6－3　党山庙会的“重头戏”——“迎亲”习俗展示

（党山庙会已无迎神活动，以“迎亲”取代“迎神”，被称为这一新型庙会的“创举”。）

这一无庙又无神灵信仰的“创新型”庙会，被当地党委政府赋予了十分丰富的内涵，主要有：“突出乡土文化，推动传播精神文明；将创新创强与打造现代产业集群相结合，着力推进转型升级；将素质提升与形象展示相统一，全力推进‘经济强镇、宜居城镇、文化名镇’建设。”考察中我们发现，主要依赖政府主导的党山庙会在促进农村文化事业投入、助推乡村文化建设、繁荣民间艺术，和谐村际、社区、企业关系及区域内的各种人际关系方面有其积极意义。然而，舍弃传统庙会得以上百数千年延续的核心要素——神庙及神灵信仰，庙会终将以何为依托？民众参与的内源力如何得到持久的激发？政府主导下的强力推动是否能持续和长期有效？这些问题，其实是党山庙会存在与发展中必须要积极回应的。考察中我们注意到，党山庙会自2004年举办以来，至2012年的9年间，共举办7届，说明其间有中断，从我们与庙会活动的一些具体组织者的交流中，也感受到了他们所流露出的一种疲态和迷惘。值得注意的是，党山庙会在2011年入选了杭州市第四批非物质文化遗产名录民俗类项目，项目名称为“党山雷公庙会”。

（二）龙门庙会：传统庙会的尴尬与选择

富阳龙门古镇历史悠久，民风淳朴，传统民俗文化体系沿袭较为完整。全镇现有2 600多户7 000多人口，其中90%左右的人姓孙，据说是东吴大帝孙权后裔最大的聚居地。龙门庙会便是这座“中国历史文化名镇”传承江南民俗文化传统的重要平台。2012年，龙门庙会被确定为第四批浙江省非物质文化遗产项目。

图6－4　山水江南，龙门古镇

据当地乡民介绍，龙门庙会的起源可追溯到北宋初年，始于孙权后裔孙洽与其子孙余庆为先祖孙钟（孙权祖父）建造的孙氏家族祭祀场所——香火堂，即孙处士祠。孙洽百年后，孙余庆与儿子裕和孙子景纯商量，决定在石塔山（古称水口山）下的大路旁建造一座家庙，为纪念祖先种瓜积德而出天子，于是取名“荫功天子庙”。庙建成后，孙裕请风水先生择日开庙，又因孙权建都南京是在九月，祖父洽与父亲余庆也在九月出生，于是就定九月初一为圆梁开庙之日，这就是龙

门庙会的由来。[1] 此后，龙门孙氏家族人丁兴旺，伴随着江南地区经济社会的繁荣发展，纪念孙钟和孙权的龙门孙氏家族祭祀逐渐演变发展，成为龙门地区民众一年一度不可或缺的文化盛宴，并逐渐形成了一整套与当地自然生态环境、经济文化发展特征及民众生产生活方式相适应的独具江南小镇特色的民俗信仰活动，历经千余年传承，长盛不衰。据村里老人回忆，过去的龙门庙会主要由各种会社和同年会承办，有三处以上祠堂和庙宇日夜演出。在此期间，人们拜菩萨、祭祖宗，大办宴席、大做善事。除祭拜活动外，旧时龙门庙会的活动内容主要有四个方面：一是聚亲访友活动，除镇上的亲友之间互相串门走动外，外地的孙姓亲友通常也会在此时来访，家家以客人多为荣；二是民间文化艺术活动以唱大戏为主，兼及各种民间杂耍表演，民间艺人此时可以一显身手；三是庙市繁荣，方圆数百里内的商贩云集于此，物资交流频繁，市集繁荣；四是会同年[2]，主要有三十岁同年会、五十岁同年会、六十岁同年会。三十岁同龄人通常借此机会集资为乡民请戏三天三夜，五十岁以上同龄人则会借此时机捐资修桥铺路做善事。[3]

不难发现，基于民众“敬天、法祖”的朴素情怀而衍生与发展的龙门庙会在传统农耕社会中，通过祭祀仪式和群体性的活动，对于纯洁小镇民风、凝聚民众力量、丰富乡民生活、沿袭家族荣光等方面都有着重要的意义，且在某种程度上具有不可替代性，并也因此成为历代乡民日常生活的必需。然而，时过境迁，随着工业化时代的到来和

---

① 参见浙江省旅游信息中心：《富阳龙门古镇龙门庙会：历史悠久魅力无穷》，http：//www.cnta.gov.cn/html/2012 - 10/2012 - 10 - 12 - 10 - 56 - 70343. html。

② 指镇里的同龄人在此期间聚会。

③ 参见浙江省旅游信息中心：《富阳龙门古镇龙门庙会：历史悠久魅力无穷》，http：//www.cnta.gov.cn/html/2012—10/2012 - 10 - 12 - 10 - 56 - 70343. html。

市场化的迅速推进，小镇的开放化程度迅速提升，生活于其间的人们的生产生活方式和价值观念也随之发生了深刻的变化，商品经济意识愈加强烈，庙会逐渐演变成民俗风情旅游节。2011 年，龙门镇四个村的民众通过投票表决的方式，作出了既在意料之外，又在情理之中的决定，取消“民间举办九月初一庙会”，禁止集资做戏、收费摆摊等活动。这一决定在当地和周边地区以及众多关注龙门庙会的民众中引起了广泛的讨论。据所在村、镇负责人介绍，取消“民间庙会活动”的主要原因是当地老百姓认为传统庙会存在诸多陋习和弊端，其中大办宴席和集资做戏让老百姓负担过重，这是尊重民意的结果。有当地民众反映，“搞了旅游以后，老百姓的收入没增加，反而每年过节（指庙会）家里来的亲戚朋友多了……去年是一共 15 桌，不说钱吧，人吃得消吗？”① 也有不少民众对此做法表示不赞成，认为是“目光短浅”，表示“非常遗憾”，有网友就此事在富阳论坛上说：“庙会作为农村特产，除了贡献地方经济，更是一种文化传承，只宜改革，一刀切的取消是对传统文化的背叛和亵渎！”②

图 6－5　龙门牌坊

（孙权故里——龙门古镇处处体现着古镇的历史底蕴、民俗气息和人文风貌。）

据当地旅游部门相关资料，由龙门庙会“转型”而来的龙门古镇风情节由政府部门主导，“立足于‘大龙门’视

① 转引自“富阳论坛”，http：//bbs. fuyang. com/simple/？t733164. html。

② 转引自“富阳论坛”，http：//bbs. fuyang. com/read－htm－tid－733164－ds－1－toread－1. html。

角，全景展现以龙门古镇为核心，龙门山、龙门寺和龙门客栈三点为外延的龙门特色民俗风情和旅游文化资源……将完美糅合古典与现代，呈现火热节日氛围，营造属于龙门的‘风土’与‘风情’，焕发别样生机”①。

二、两个转向：乡村庙会的当下特征

通过上述两个乡村庙会当代变迁的考察，综合杭州地区其他乡村庙会的发展状况，我们发现，庙会作为一种具有悠远历史渊源、深厚文化底蕴和独具特色，又历经复杂历史阶段后兴起和发展的地域性民俗活动，在一个政治、经济、文化、社会都发生了深刻调整和变革的区域环境中，它也已经与历史记忆中的传统庙会有了很大区别。最明显地体现在以下两个转向上：

（一）由原来的民间自发组织逐步转向政府部门的自觉介入

传统庙会大都以供奉天帝、祭祀神灵、祭奠祖先、驱邪禳灾、祈祷丰年为缘起和核心，多数由当时地方社会中较有威望的热心人与宗教职业者为主自发组织。而在当下，据我们的考察，各地稍有影响的庙会，政府部门的组织和统筹作用日益突出。由于政府部门的介入和参与统筹策划，调动各方力量协调一致，庙会活动有序化程度有了进一步的提高。比如，为确保党山庙会的有序开展，党山镇党委专门下发通知，明确活动主题、活动宗旨、活动内容、活动时间及举办地点等，同时成立了由镇党委书记为组长的活动领导小组，负责整个活动的总体策划和组织实施工作，

① 参见骆欣：《年年过节各不同　龙门古镇风情节今年又出新花头》，http://www.fuyangtv.com/a/shouyetoutiao/toutiaoB/2012/0926/64013.html。

下设办公室和艺术迎会工作组、文艺宣传工作组、商贸展销工作组、资格审查工作组、体育竞技工作组、安全保卫工作组、后勤保障工作组八个工作小组，具体负责庙会活动中的相关事务。2004年以来的每一届庙会都制定了详细的活动方案，庙会活动开展前都要举行动员部署会，镇党委书记作动员讲话，分管副镇长作具体工作部署，各相关参与单位（村、社区、企业等）及治安消防、食品安全、交通等相关部门作表态发言。又如，千岛湖中洲“九相公”庙会历史悠久、影响深远，每年农历十月十三至十五日举办。在此期间，除当地民众热情参与外，还有来自省内其他地区及江苏、福建、安徽、上海等地的香客不下3万人。据2008年中洲镇政府公布的《杭州千岛湖中洲“九相公”庙会暨“九相公祠”揭匾仪式活动方案》，当年的庙会活动规格显著提升，镇长主持仪式，县宣传部长、人大常委会副主任、副县长、统战部长和县域范围知名企业家20余人应邀参加；2012年的九相公庙会则进一步升格，由县委宣传部主办，中洲镇、安徽省休宁县白际乡、歙县狮石乡承办，活动内容除继续保留传统的民俗活动外，还增加了党史知识有奖竞答、走古道竞赛等。再如，始于南宋初年的临安太阳镇庙会，原初就是当地民众为纪念唐代著名爱国将领张巡而开展的一项民间祭祀活动，后发展成为临安规模最大的庙会，并于2012年入选浙江省“非物质文化遗产名录”。在长久居住于太阳镇上的乡民看来，庙会就像是一个盛大的节日，只是“以前的庙会办得比较简单，但人情

图6－6　地方领导在龙门古镇民俗风情节上的讲话

味重……现在的太阳庙会变‘高级’了”。其实，太阳镇党委政府对于太阳庙会这一传统文化资源的价值功能极为重视，并有明确的发展定位，即“太阳庙会不仅仅只是一个祭祀活动或商品交易的活动，而是太阳镇加快文化建设的平台和对外展示的窗口”①。在2012年举办的太阳庙会中，太阳镇还将庙会活动与学习宣传十八大精神结合起来。在为期一周的庙会活动上，向广大群众宣传了党的十八大精神；在人员集中的太阳大街悬挂宣传横幅，开展了太阳镇经济社会发展成果图片展，举办了以“学习好、贯彻好、落实好十八大精神”为主题的庙会文艺演出；开展十八大精神有奖竞猜。② 此外，我们也注意到，在各地稍有影响的庙会开幕时，大多都会邀请相关领导参加，并作讲话，以激发乡民发展生产、建设乡风文明和谐新农村的热情。庙会举办期间，各地的交警、消防、电力、食品卫生等部门都会提前部署、精心准备，制定周密的预案，并在庙会前就组织人员对涉及庙会的重点路线和重要场所进行全面排查，庙会举办期间还派出值班人员实行不间断巡视。毋庸置疑，政府力量介入传统庙会，

图6－7　以“学习好、宣传好、贯彻好党的十八大精神”为主题的2012临安太阳庙会

① 太阳镇主要领导如是说。参见王蓓、金凯华：《太阳庙会真热闹　民俗大戏放异彩》，http：//www. lanews. com. cn/jrla/content/2012－12/12/content_5177143. htm。

② 参见王蓓、金凯华：《太阳庙会真热闹　民俗大戏放异彩》，http：//www. lanews. com. cn/jrla/content/2012－12/12/content_5177143. htm。

或者说传统庙会等民间仪式实现对政府力量的征用可以使其增强社会整合力，更好地实现乡村社区内外部关系的重新整合。也或许，通过政府力量的适当介入或者国家符号的恰当植入来提升地方传统庙会仪式的声威可以成为当下村落建设的一种有效选择。①

（二）庙会活动的内容由原来以宗教活动为主导逐步转向以弘扬地域文化和促进地方经济发展为主导

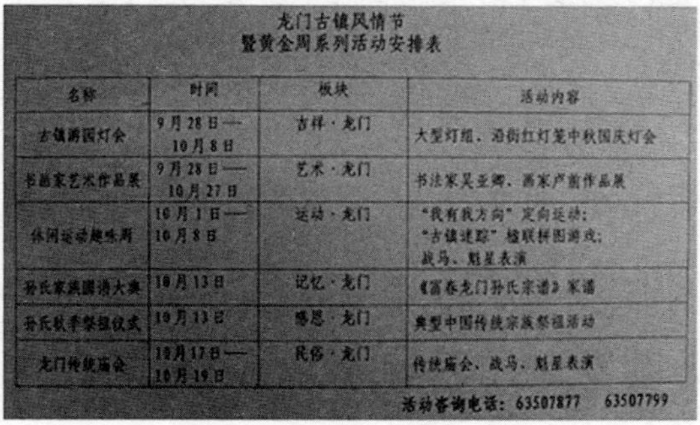

龙门古镇风情节
暨黄金周系列活动安排表

名称	时间	板块	活动内容
古镇游园灯会	9月28日—10月8日	吉祥·龙门	大型灯组、沿街红灯笼中秋国庆灯会
书画家艺术作品展	9月28日—10月27日	艺术·龙门	书法家吴亚卿、画家卢甫作品展
休闲运动趣味周	10月1日—10月8日	运动·龙门	“我有我方向”定向运动；“古镇迷踪”楹联拼图游戏；战马、魁星表演
孙氏家族圆谱大典	10月13日	记忆·龙门	《富春龙门孙氏宗谱》家谱
孙氏秋季祭祖仪式	10月13日	感恩·龙门	典型中国传统宗族祭祖活动
龙门传统庙会	10月17日—10月19日	民俗·龙门	传统庙会、战马、魁星表演

活动咨询电话：63507877　63507799

图6-8　龙门古镇风情节活动安排表

传统庙会文化以宗教文化为核心，民间民俗活动和商业贸易活动是附着于宗教信仰活动的。而当代庙会的举办大多旨在弘扬地域文化，与隆重的祭祀活动相结合，为地方经济发展搭建平台，活跃地方商业贸易。传统庙会文化主要以宗教活动来吸引广大信众的参与。当代庙会文化则主要依靠大众文化的社会地位和社会功能影响力来调动社会各方面力量，开展社区活动，形成地域内外多方面、多层次的大文化的交流。因此，庙会所在地政府部门会对庙会全部活动进行精心组织，周密策划，统筹安排，并加以认真地审核和控制。此外，从参与者这方面来看，传统庙会中的参与者有突出的自发性特征，而当代庙会文化活动中则有专业或业余的文

① 参见张祝平：《论传统民间仪式与新农村建设的互融共生——浙南石练“七月会”的当代变迁及社会功能考察》，《北方民族大学学报》（哲学社会科学版）2013年第1期。

化艺术工作者或工作团队主动介入，导向性和目的性也都非常明确。与上述种种转向相适应，传统庙会的封闭性和神秘性渐趋淡化，在各地的实践中，它其实已经成为当地发展文化、搭建经济发展平台和开发旅游观光事业的一项重要资源。比如，笔者所考察的富阳龙门庙会，传承至今已有1 000余年历史，现已直接改名为“龙门古镇民俗风情节”，着力于展示龙门特色民俗风情和旅游文化资源。在千岛湖中洲镇，镇政府明确提出，“举办‘九相公’庙会旨在弘扬民俗文化，保护历史文物，挖掘整合人文资源，围绕县委‘水秀天下，追求卓越’的淳安精神，紧紧抓住‘以湖兴县’的战略思路，开创一条最具淳安亮点的乡村旅游基地，使中洲民俗文化，因武强溪、武强山水秀、山美，更具特色，达到人文与自然优势互补，合力提升中洲乡村旅游之目的”①。临安太阳镇的太阳庙会在旧时是老百姓为纪念“东平王”张巡而举办的祭祀活动，发起的缘由在于当地百姓崇拜“东平王”英勇为国为民献身之精神，感念其恩德，目的在于祈求“东平王”护佑一方平安。此后“东平王”的神格日渐丰富，庙会活动不断推陈出新，影响至方圆数百里。庙会举办之时，人们争相朝拜，人山人海，

图6－9　淳安中洲“九相公祠”

① 参见中洲镇政府：《首届杭州千岛湖中洲“九相公”庙会暨“九相公祠”揭匾仪式活动方案》，http：//xxgk. qdh. gov. cn/index/pageLayoutShow_8aa1403e2ba9c9ad012ba9d0c52c0818. htm。

异常热闹。近年来，太阳庙会的旅游经济价值得到当地政府的广泛重视和挖掘，庙会呈现出两大亮点：一是民俗风情浓郁，又汇集“吃、游、赏、购、娱”于一体，已成为太阳镇年度大型文化旅游盛会；二是商业特色明显，庙会期间，有上百家来自市内外的小百货、小五金摊贩以及让人眼花缭乱的特色农产品和小吃集聚于此，赶庙会集市成为周边群众冬日里的一大特色。在举办2012年太阳庙会时，镇党委政府提出，庙会活动“是打造‘特色产业之乡、生态宜居之地、文明和谐之镇’的重要举措之一，活动的举办将促进太阳商品经济交流和发展”①。

三、贴近民众生活：乡村庙会的依存之道

庙会文化实际上是农耕文明的产物，或者说是一种乡土文化，是以集中反映社会底层生活状态为主的大众的、通俗的文化层次，是特定区域的民众某种共同的心理、情感、信念、价值标准、道德情操、风土习俗、生活方式、宗教礼仪、行为规范等融于一体的综合文化形态，具有一定的塑造力、约束力、感召力和凝聚力。② 在杭州乡村，庙会文化在历经千年的变迁后，在当下再次兴起和活跃，这给了我们深刻的启示。

（一）庙会为乡村民众提供了一个公共文化空间

在传统型乡村庙会中，人们可以进行人神沟通，向神灵倾诉自己的喜怒哀乐，以寻求宽慰和解脱；也可以走走看看，消除自己的身心劳累；有才艺者还可以一显身手，

---

① 参见何旭东：《赏民俗风情　品特色小吃　太阳镇庙会即将举行》，http：//www.lanews.com.cn/jrla/content/2012－12/05/content_5172483.htm。

② 参见李铮编著：《庙会》，长春：吉林文史出版社2010年版，第116页。

图 6－10　庙会上的猜谜活动

娱人娱己。比如，在临安，展现浙西民俗风情的钱王庙会除祭祀钱王，还有丰富多彩的民间曲艺节目，多是乡村民众自编自演的，民间艺术人才在此可以大放异彩。在建德新叶古村，自古就有“三月三”大于年之说，不管大年还是小年，新叶村的“三月三”祭祀及祈求风调雨顺、文运昌衡的盛大的迎神仪式都会如期举行，已经成为新叶村的文化节。淳安县相对于杭州地区其他县市而言，区域位置相对偏远，可它却是杭州地区乡村庙会文化最发达的地方之一。据相关资料显示，至 20 世纪 50 年代，全县共有 370 多家庙会在活跃着，村村有庙会，乡乡有剧团，极大地丰富了乡村民众的精神文化需求。之后，虽经种种波折，如今依然有 10 多个村子保留着正月里闹庙会的传统习俗，并影响到周边区域，成为偏远乡村民众共同的喜庆节日，同时也促进了庙会这种传统民俗文化活动的延续发展。

（二）庙会在一定程度上满足了乡村民众的审美需求

爱美之心，人皆有之，在杭州地区各地庙会活动中，无论是宗教祭祀礼仪、民间戏曲、民间民俗文化、文娱体育活动，还是琳琅满目、五光十色的商品，都使人赏心悦目。比如富阳龙门庙会、余杭元帅庙会、临安太阳庙会、建德新叶“三月三”庙会、淳安中洲“九相公”庙会等都有悠久的历史传统和深厚的文化积淀，庙会活动中有很多项目是珍贵的非物质文化遗产。如元帅庙会中的大纛旗、捐炉子、敲鼓亭、荡秋千、舞大刀、滚灯、白神班等，集喜庆、观赏、艺术、娱乐、竞技于一体，具有很高的观赏价值。在各地庙会举办期间，通常所见都是人流如织，花海如潮，各种造型别致的景灯、花灯交相辉映，栩栩如生，龙灯、鱼灯、舞狮、民间舞蹈等地域风味十足、雅俗共赏，庙会仙子婀娜多姿、美丽动人，引得男女老幼争先恐后竞睹芳容。

图 6－11　余杭元帅庙会上的大刀表演

（艺人把 80 斤重的大刀举过头在空中挥舞，观众叫好声此起彼伏。）

（三）庙会还在一定程度上满足了乡村民众对文化知识的渴求

庙会作为一个文化的综合体，其中如宗教音乐、民间舞蹈、民间绘画、民间手工艺品、民间游艺、体育活动等都有比较丰富的知识含量，上至天文地理，下至鸡毛蒜皮，或是发生在乡民身边的无数新鲜事，等等，都能在一定程度上以喜闻乐见、通俗易懂的方式进行演绎，向民众传递文化知识信息，使人们在不知不觉中获得文化知识的熏陶和满足。所以，庙会实际上也是广大民众观察社会、了解社会的一个重要窗口。

图 6－12　庙会上的传统表演

（四）庙会具有较强的文化经济化因子和潜力

在一定意义上说，地方庙会就是特定区域经济、政治、文化、社会、技术以及信息的集聚中心，与地方经济发展关系密切。古往今来，庙会在城乡商品交流中都起了积极的作用，在促进城乡生产的发展，繁荣城乡经济，改善城乡人民生活等方面有其特殊意义和存在价值。同时，我们还要注意到，庙会经济作为一种特殊的经济形式，不但有促进商品贸易和经济发展的显性功能，而且对人们的思想观念以及社会意识形态也会产生影响。① 或者说，商品经济对庙会中宗教性的冲击深刻，其最直接的影响就是把人们逐步引向了对物质利益的追逐，重视实利，倡导“文化搭台、经济唱戏”，热衷于对庙会中经济潜力的挖掘。

（五）庙会展示了社会和谐的图景

在对当下杭州各地乡村庙会的考察中，我们还深切地感受到，庙会不仅是一个热闹的去处，而且也是乡村和谐生活的集中体现。在庙会中，不和谐的人和事极少见到，也不大听得到不和谐的声音，庙会文化不仅为我们展示了生动繁荣的场景，还为我们展示了一幅幅活生生的和谐图景。今天的杭州乡村庙会，正在传统与现代的融合中大量吸收现代文明的成果及全球化视角下的中国式理解，逐步重新展现出了杭州乡村传统文化的巨大吸引力和生命力。

四、聚焦文化：乡村庙会前途的可能选择

庙会作为中国特色传统民俗文化的重要组成部分，其

---

① 参见李铮编著：《庙会》，长春：吉林文史出版社 2010 年版，第 116 页。

来源于中国古代的祭祀崇拜和自然崇拜。今天看来，其间依然留存着原始信仰的痕迹，充斥着所谓的“迷信”、“愚昧”或“落后”的成分，甚至可以说，有的庙会中这种成分所占的比例还不小。然而历史证明，仅仅看到庙会等民间信仰活动中的“封建迷信”成分，或者去扩大这种成分的存在及其危害性和不正当性是不可取的。事实上，信仰在民间文化中是一个普遍的现象，甚至成为其灵魂和核心的内容，并维系着其长久存在和发展。英国的人类学、民俗学大师弗雷泽曾在其名著《魔鬼的律师——为迷信辩护》中，对这些带有原始愚昧色彩的民间信仰活动及其存在的合理性进行了比较充分的阐述，这对于我们完整理解庙会文化的正负效应当是有一些启发的。在今天文化知识迅速普及、科学技术迅猛发展的背景下，就传统庙会而言，其中的不合理性、不科学性，甚至荒谬性的成分对于大多数民众来说，其实都是不难判断的，然而为何在当下还得以如此勃兴，甚至还需要去弘扬它、倡导它呢？这一问题的关键还在于庙会所具有的独特的娱乐功能进而使庙会形成巨大的文化向心力，成为文化的积聚点。[①] 在庙会中，中国传统宗教艺术与地方世俗性艺术共融共存，共放异彩，构成了各具特色的“文化元”，形成了地域性的文化辐射和传播中心，进而还可能以此为核心产生区域性的文化圈。

① 参见高有鹏：《庙会与中国文化》，北京：人民出版社 2008 年版，第 83 页。

图6－13　龙门古镇上的“义门”牌楼

（义门不光是一座有形的建筑，更是一座无形的丰碑，它使“乐善好施”、“积善行乐”成为镌刻在龙门人心底的操守，使“积善人家庆有余”成为孙氏家庭千百年矢志不渝信奉的持家之道。）

从历史的角度来看，庙会中信仰的神圣性与世俗化、娱乐化也并不矛盾。在农业社会，庙和庙会因其具有一定的宗教色彩，一直是乡村民众重要的信仰之所和怡养性情、寄托情感之处，在缓解乡村社会矛盾和调节乡村社会秩序中体现了其内含宗教精神的社会稳定价值。在现代社会，传统庙会倡导的素食理念和佛教主张的消费伦理所体现的生态观仍然具有强烈的时代意义。当下，幽静的乡村庙宇和欢腾的庙会相得益彰，也成为在激烈的社会竞争中挣扎前行的人们心灵休憩的场所。[1] 随着社会的进步，现代意识的注入，庙会内容不断丰富，形式不断创新，使庙会文化既有保存、继承的价值，又有发展、创新的前景。在一定程度上看，民族文化保护可以理解为是对民族文化宏观生境和微观生境的保护，尤其是在全球化和后现代化时代，频繁密切的文化接触与交往，为不同国家、民族和地域文化交流提供了对话、创新的机遇，同时也使其遭遇着前所未有的涵化、融会与冲突。[2] 一方面，“全球化迫使社会、文明和传统——既包括‘隐蔽的’传统又包括‘发明的’传统——的代言人转向全球性文化场景，寻求被认为与他们的认同相关的思想和象征”[3]。在此情势之下，否定和消融庙会文化地方性、民俗性、传统性的力量正在不断强化。另一方面，我们更应关注到，也正是全球化使“人们不断升腾着对特殊性文化的关注和日益增多的对特殊性的预期”[4]。从这个意义上说，庙会作为中华民族一种重要的民俗文化现象，全球化时代也是不断滋养和塑造其地方性、民俗性以及民族性的过程，是一个关于地方性知识逐步被接纳和融入更为强大和更具理性化的文化系统之中的过程。[5]

积极发掘传统庙会的文化厚度，丰富其时代内涵，以增强地域性传统文化的辐射力和影响力，是传统庙会过往

---

① 参见张祝平：《论乡村传统庙会的现代性重塑——以国家级非遗浙南张山寨庙会为例》，《广西社会科学》2013 年第 3 期。

② 桂榕：《民族文化保护的人类学视野——兼谈相关人类学理念的中国本土化应用》，《湖北民族学院学报》（哲学社会科学版）2013 年第 1 期。

③ 刘晓春：《全球化时代的地方性时空想象》，http：//news. artxun. com/xiqu - 379 - 1891182. shtml，2012 - 11 - 01。

④ 金民卿：《全球化的文化效应与民族文化的发展前景》，《学术探索》2011 年第 2 期。

⑤ 参见张祝平：《论乡村传统庙会的现代性重塑——以国家级非遗浙南张山寨庙会为例》，《广西社会科学》2013 年第 3 期。

图 6－14　德清新市蚕花庙会上的蚕花娘娘

（德清县新市镇的蚕花庙会源自春秋战国时期，相传越国范蠡送美女西施去姑苏，途经新市，给养蚕的姑娘、嫂子送过鲜花，祝愿她们风调雨顺，蚕茧丰收。此后，方圆百里的蚕农为纪念西施，每到清明时节，都要举办盛大的蚕花庙会。蚕花庙会现已入选国家级“非遗”名录。）

存在和延续的生命所在，更应是其当代发展的基本走向。[①] 在这一过程中，我们应自觉坚守传统庙会文化特殊性的向度，根据本地区区域情况，积极地打造出一系列有鲜明地方文化特色的庙会活动。这不仅能在当地群众中收到好的反响，而且能够作为一个舞台，把本地区的文化向外界展示出来，进而带动当地特色文化经济的发展。近年来，党

① 参见张祝平：《论乡村传统庙会的现代性重塑——以国家级非遗浙南张山寨庙会为例》，《广西社会科学》2013 年第 3 期。

和国家对于非物质文化遗产保护事业日益重视，杭州地区乡村庙会及相关民俗文化活动的保护工作得到了很大的推进，庙会在新的历史条件下又找到了新的发展机遇。特别是自 2003 年以来，杭州市进行了民族民间艺术普查和非物质文化遗产普查，并在此基础上在民俗活动普查、保护和研究方面做了大量有效的工作。随着时间的推移和保护理念的深入发展，杭州地区乡村庙会的内涵正在逐步扩大，庙会中所包含的诸多文化元素，如杭州地区乡村庙会的生态环境元素、饮食文化元素、宗教文化元素、娱乐和旅游观光元素、经济贸易元素、民间艺术元素等，都得到了前所未有的重视。这些方面的元素，已经成为支撑当代杭州乡村庙会内容的主体部分。随着庙会内涵的日渐丰富和影响的不断扩大，有关杭州地区乡村庙会的保护工作也逐步进入了一个良好的发展程序之中。在此期间，我们以为还应特别注重以下几方面的内容：

第一，注重对杭州地区乡村庙会传统文化内涵的恢复和挖掘。一方面要收集整理有关杭州地区乡村庙会的各种资料，编辑出版相关的文献书籍，这样对广大民众认识、了解杭州地区乡村庙会能起到很好的宣传作用；另一方面是要加强杭州地区乡村庙会的学术研究，深入探讨有关杭州地区乡村庙会的形态特征、文化蕴含、价值功能，特别是乡村传统庙会与自然生态的关系以及发展前景等方面的基本问题，为后续的杭州地区乡村庙会保护、开发、研究打下思想基础和理论基础。

第二，重视庙会在地方经济文化发展中的角色正位。准确把握和引导、规范庙与庙会在促进经济交流、服务社会等诸多方面的作用发挥，特别是不应单纯以经济为目的对庙会文化体系进行刻意改造，以致其文化厚度被削弱，文化内涵进一步虚化。正确对待和准确把握民众在选择、创造、享用、传承庙会这一文化体系过程中显现出来的地

域气质和民俗风格等，主导对庙会及其所包含的各种传统文化符号社会功能、存在意义的解读，使之在全球化和文化普遍主义的潮流中保持着自身的独立性和影响力。①

第三，建立相对完善的杭州地区乡村庙会保障机制。这些保障机制应当包含：经费保障机制，主要指用于杭州地区乡村庙会资源考察、内涵挖掘、文化创作、学术研究、宣传推广，以及庙会本身的改造提升方面的资金保障机制；政策激励机制，指鼓励个人和民间组织进行庙会的保护和开发，并在财政上给予一定的支持；宣传推动机制，主要指将传统乡村庙会作为一种重要的生态文化旅游产品进行推荐，扩大其社会影响力；科学管理机制，主要指政府相关部门应加强对庙会的引导和管理，通过自身或通过引导庙会组织建立相应的规章制度，确保庙会活动安全、有序地开展。

---

① 张祝平：《论乡村传统庙会的现代性重塑——以国家级非遗浙南张山寨庙会为例》，《广西社会科学》2013 年第 3 期。

第七章　乡村传统民间仪式再造的社会空间

——浙北党山雷公庙会再考察[1]

仪式变迁是社会变迁的缩影，它可以是“包括诸如宗教的仪式、世俗的仪式、世俗融于宗教的庆典、仪式与节庆、政治性仪式、市民的礼仪、私人仪式和集体仪式、旨在造反的活动与旨在集结的活动、参展的表演与仪式的表演、体育运动的仪式活动、季节性活动、节假日仪式等”[2]在内的礼仪的总称。但是，“仪式与神话历来无法截然分开，无论是从历史发生形态的角度透视，还是人类学研究领域的解释中都是如此”[3]。因此，仪式又通常被理解为是宗教背景中所进行的或具有宗教色彩的正式行动，从一定意义上看，人们对神秘的（或非经验的）存在或力量的崇拜，体现在思想的层面即为信仰，体现在行为的层面即为仪式。

浙北历来是民间信仰活跃之地，自古物产丰富，经济文化繁荣，乡村庙宇林立，庙会多不胜数，庙会仪式和形态层出不穷、纷繁多样，并在不同程度上丰富和促进了当地乡村社会经济文化生活，影响至今。新中国成立后，由于国家行政力量的强势介入和宗教政策的影响，在 20 世纪

---

① 据《论乡村传统民间人文式的当代再造》一文修改。原文刊载于《西北民族大学学报》（哲学社会科学版）2014 年第 4 期

② 彭兆荣：《人类学仪式的理论与实践》，北京：民族出版社 2007 年版，第 3 页。

③ 彭兆荣：《人类学仪式的理论与实践》，北京：民族出版社 2007 年版，第 30 页。

50年代后期以来的近30年间，浙北地区的庙与庙会也经历了短暂的隐匿（或说消逝）时期，而在近30年来，得到了迅速的恢复发展、繁衍生息或再造重生。然而，现代社会剧变不仅对乡村庙会这一传统民间仪式的形式外表产生了影响，更对其所蕴藏的文化内涵带来了深刻冲击和改造，“在这表象的背后埋藏着民间文化与民族国家现代性之间的复杂关系”①。本章试图通过对浙北地区党山雷公庙会的历史变迁与当代再造的考察，描绘乡村传统庙会的现实境遇和生存图景，探究以乡村庙会为代表的传统民间仪式的当代意义和发展策略。

一、雷公庙会：党山民众的传统信仰与仪式

雷公系古代神话传说中的司雷之神，源于原始先民们对于日月星辰风云雷电等自然物的崇拜。“雷泽中有雷神，龙身而人头，鼓其腹。在吴西。”② 这是《山海经·海内东经》中有关雷神的记载。在传统农业社会，百姓靠天吃饭。在先民们看来，雷出现会带来万物复苏，消失则会使大地萧

图7－1 雷公像

① 张建军、汪俊：《村落仪式与乡土社会秩序建构——读刘晓春〈仪式与象征的秩序〉》，《社会科学论坛》2010年第12期。

② 山海经全文在线阅读，华语网，http：//www.thn21.com/wen/Famous/hdnj/shan－13.htm。

条，蛰虫匿迹；雷是雨来的征兆，而雨水是丰收的保证，却也是水灾的祸首；雷巨大的响声、耀眼的光芒、劈死草木生灵的力量让人敬畏。[1] 因此，先民们对雷充满了恐惧与焦虑，幻化出了各种司管“雷”这一神秘力量并具有人性化色彩的天神——雷公，并成为天象崇拜的代表。党山一带民众的雷公信仰和祭祀活动由来已久。据相关资料显示，现党山镇域位于钱塘江南岸，原为钱塘江边的一片滩涂之地，是雷击多发区。周边百姓以捕鱼为生，外出劳作常受雷击之害，房舍草木生灵等也常因雷击而化为灰烬。为避其灾，百姓相邀共建庙宇，塑立雷公神像于其中，常年轮流祭祀，以祈求雷公保全村落百姓生命和财产，渐成群体性的祭祀活动。据《嘉庆山阴县志》[2] 所载，“农历六月二十四日，多集会祭祀，供米粿（雷公粿），祈求雷神保佑一方平安”[3]。又因“雷于天地为长子，以其首长万物与其出入也。雷出地百八十三日而复入，入则万物入。入地百八十三日而复出，出则万物亦出，此其常经也”[4]，乡民们认为祖祖辈辈繁衍生息，家世日益富足安康，全靠雷神的护佑与恩赐。于是，党山民众对雷公顶礼膜拜，崇信有加，远近村落信众也争相前往敬拜，祈福禳灾。

旧时的党山雷公庙会举办时间一般为三天，即农历六月廿二日、廿三日、廿四日，演戏、集市等在六月廿二日已陆续开始。因每年农历六月廿四日是传说中的雷公生日，庙会确定这一天为迎神出会之日，庙会高潮迭起，前往进

① 杨敏：《明清传奇中的雷意象及其文化意蕴》，《戏曲研究》2003 年第 2 期。

② 山阴县是浙江省绍兴地区历史上的一个旧县名，辖今党山镇域。民国元年，山阴县与会稽县合并为绍兴县。

③ 邱芳：《党山——雷公庙会的前世今生》，《萧山日报》，2007 年 5 月 23 日。

④ 何星亮：《中国龙文化的重大变迁及其发展阶段》，《中国艺术报》，2012 年 2 月 4 日。

香祈愿者人山人海、热闹非凡。据村里老人回忆，这时的庙会主要有四个方面的内容。一是演戏祀神。戏开演前要先祭神，目的在于酬谢神的佑护，所演戏目多为地方民俗传统戏，主要是体现忠孝节义、精忠报国、解民倒悬、因果报应等主题，伴以歌舞、杂剧、鼓乐等形式，娱神娱人。二是迎神出会。“以迎会为主要标志，分为水会与岸会，水会以船只游湖为主，岸会以陆地行走为主。”① 迎神队伍往往相沿数里，水会在河中行舟迎神，岸会在集镇主要道路上迎神，民间艺人在迎神队伍中边走边演。三是集市交易。庙会这几天，四面八方的商贾携货而来，在雷公殿附近或迎神出会沿路，搭起竹编粘贝壳的凉棚，摆摊易货。四是耍杂献艺。“从安徽、河南等地来赶庙会的商人或民间艺人，在庙会中会大显身手，有的戏猴子、耍蟒蛇；有的练大力士卖狗皮膏、看西洋镜。”② 至新中国成立初期，党山雷公庙会仍如期举行，会期依然三天，人气不减，热闹依旧。“六月廿四这一天进行‘迎会’，来自各地各路队伍从雷公殿出发，在集镇内主要道路上行走。迎会队伍敲锣打鼓，掮旗打伞，有乐队吹拉伴奏的，有扮戏文的，有走高跷的，有

图7－2　党山镇上的古宅、石桥、内河

（古时雷公庙会的水上迎会在此域开展，热闹非凡。）

① 崔竞雄：《党山每年一次的雷公庙会》，萧山网，http：//www. xsnet. cn/2007_ subject/yichang/bd5/360851. shtml。

② 蔡志龙：《新农村文化散论》，北京：中国戏剧出版社2012年版，第92～93页。

玩杂耍的，有扮各种神灵的，有扮演三十六行的，披红挂绿，热闹非凡，一路相沿数里，深受百姓的喜爱。”① 后因国家宗教政策波动和社会动荡，庙会负面因素被放大，党山雷公庙会逐步被改造成了区域性的物资交流大会。② 至“文革”期间，雷公神像和庙宇被摧毁，党山民众的雷公信仰呈现断裂，传统庙会仪式随即消逝。

二、文化艺术节：党山雷公庙会仪式的当代再造

伴随着浙北地区经济社会的快速发展，党山也逐步成为中国改革开放新时期镇域经济发展的领跑者，与此同时，民众对精神文化生活的需求日渐增强。特别是进入 21 世纪以来，随着全国各地民间信仰活动的迅速复苏和庙会活动的广泛兴起，在当地乡民的呼吁和文管站干部的努力推动下，党山雷公庙会获得了重生的机遇。2004 年，党山镇党委政府组建了党山雷公庙会筹建委员会，决定重启党山雷公庙会活动，并于当年秋季庙会“复生”。然而，庙会却已脱胎换骨，今非昔比。以下是萧山新闻网对此次庙会活动相关情况的报道：

---

① 邵福勤：《缘起百姓对自然的敬畏——党山庙会的前世今生》，《萧山日报》，2013 年 10 月 30 日。

② 1952 年，党山供销社利用雷公庙会，举办了首次初级市场物资交流大会，在交流会上收购土布、萝卜干、干菜、杂粮等。在交流会举行的同时，“迎会”活动继续进行，此外还有地方剧团的演出、专题图片展览等。从 1952 年到 1978 年，共举办了 17 次物资交流大会，时间仍是每年的农历六月廿四，这时正值农闲季节，赶庙会、逛交流会，充实了当地农民的休闲生活。1978 年以后，物资交流会开始在秋季举办，取消了“迎会”活动，农民可以在交流会上买卖商品。因为到了秋季，棉花、络麻丰收后，沙地片农民口袋里都有了一定可支配的钱，成为交流会的主要资金来源。不过，随着市场经济体制改革的深入，商品经济日趋繁荣，物资交流会于 1988 年停办。可参见邱芳：《党山——雷公庙会的前世今生》，《萧山日报》，2007 年 5 月 23 日。

2004 年 10 月，党山镇举办了第二届全民运动会、文化艺术节暨党山庙会。本次庙会包括庙会迎会、企业论坛、商贸会展、戏曲演出和全民运动会五大板块。庙会迎会仪式由 798 名人员组成的 24 支巡游队伍进行了踩街活动。企业论坛举行了“推行星级管理，促进二次创业”研讨活动。商贸会展共订出固定和临时展位 350 间，在 7 天时间里，共接待顾客约 7 万人次，成交额达 245 万元。会展期间的小吃一条街成了展会的一大亮点。戏曲演出共演出传统戏剧——绍剧、越剧和歌舞 19 场，观众达 27 000 人次；放映电影 10 场，观众达 12 000 人次；群益村出资邀请了绍兴樱家班、莲花落剧团，演出 3 场，观众达 3 500 人次。第二届全民运动会，全镇 40 支代表队的 1 585 名运动员积极报名参加了 10 个大项 42 个小项的体育竞技比赛。本次庙会持续时间长达 2 个月，吸引了近 130 000 人次积极参与，创造了党山文化活动开展的新纪录。2004 年的党山庙会获得了“萧山区宣传思想创新工作二等奖”。①

图 7 - 3　党山镇是改革开放时代镇域经济的领跑者

从这一年开始，党山镇党委政府决定将庙会作为党山镇的特色文化加以保持和发扬，并且每年举办一次，至今

① 崔竞雄：《党山每年一次的雷公庙会》，萧山网，http：//www. xsnet. cn/2007_ subject/yichang/bd5/360851. shtml，2007 - 05 - 23。

已举办了七届。[1] 经过实地走访并查阅相关资料，“复生”后的庙会与传统庙会在名称、举办时间、地点、内容、核心环节、表现形式、民众参与方式、表达思想主旨等诸多方面都有了显著差别。下面，我们以 2012 年党山举办的已日臻成熟的第七届庙会与传统时期的党山雷公庙会作一个比较（见下表）。

传统党山雷公庙会与“复生”后的第七届新型庙会的比较[2]

	传统庙会	“复生”后的新型庙会
名称	党山雷公庙会	第七届党山庙会暨第四届全民运动会、文化艺术节[3]
活动组织	区域内较有威望的热心人士和虔诚信众	镇党委、政府，以及专门成立的领导小组和若干工作组
活动主题	祭祀雷公	围绕“和美·文明·幸福”，展示党山物质富裕新成果、精神富有新成就

---

① 2004 年起每年的金秋时节举行，2008 年后决定每两年举办一届。

② 中共党山镇委员会：《关于举办第七届党山庙会暨第四届全民运动会、文化艺术节的通知》（党委〔2012〕41 号）。

③ 据当地民众反映，2004 年镇里决定恢复庙会时，有人提议，为体现庙会的历史，延续传统民俗，应当继续沿用“党山雷公庙会”这一名称，但最终未被采纳。

（续上表）

	传统庙会	“复生”后的新型庙会
活动宗旨	祈福禳灾、知恩报恩	1. 突出乡土文化，推动传播精神文明 2. 将创新创强与打造现代产业集群相结合，着力推进转型升级 3. 将素质提升与形象展示相统一，全力推进“经济强镇、宜居城镇、文化名镇”建设
活动时间	每年农历六月廿二至廿四日	每年秋季 9～10 月间（第七届党山庙会举办时间为 10 月 16—20 日）
活动场所	以雷公庙为中心	镇中心小学、文化广场、文体中心、企业等
活动内容	1. 演戏祀神 2. 迎神出会 3. 商品交易 4. 文化娱乐	1. 艺术巡游 2. 商贸展销 3. 文化艺术表演 4. 体育竞技 5. 教育论坛
主要流程	筹备—庙会—神像归殿	镇人大确定—镇党委下发通知—动员—开幕式—庙会—闭幕式
核心环节	迎神出会	艺术巡游、商贸展销
经费来源	雷公庙日常功德收入、民间自筹	镇财政经费补助①

① 党山镇人民政府专门制定下发了《关于完善基层组织参与庙会活动给予经济补助的通知》，其中对镇内各行政村、企事业单位组织参与庙会各项活动的补助标准、相关要求和补助结算方式等作了明确规定。

（续上表）

	传统庙会	“复生”后的新型庙会
民众参与	镇域内各村及周边村落远近信众自发参与	动员本镇各行政村、企事业单位组织村民、员工参与
社会影响	热闹非凡，深受百姓的喜爱	入选杭州市第四批非物质文化遗产名录，项目名称重新改为“党山雷公庙会”

三、去神化与政府主导：党山雷公庙会重生的迷惘

通过上述分析，不难发现，逝而“复生”的党山庙会总体上是属于一个再造型的庙会，去神化和行政权力主导是这一再造型庙会的最鲜明特征。党山庙会因袭数百年前的“党山雷公庙会”，而如今党山无雷公神庙，也无雷公神像，庙会中更无神灵祭祀及相关活动。如此新型的庙会被当地媒体解读为“传统文化和现代文明交融后”生成的结果。党山镇党委在《关于举办第七届党山庙会暨第四届全民运动会、文化艺术节的通知》中指出，“为贯彻落实党的十七届六中全会精神，集中展示党山经济社会发展取得的成绩和与时俱进的党山精神，打造党山对外宣传的金名片、经济展示的主平台、文化交流的大舞台、全民同乐的大盛会，镇十六届人民代表大会第一次会议确定，今年举办‘和美·文明·幸福——第七届党山庙会暨第四届全民运动会、文化艺术节’”①。可见，这一再造型的庙会被当地党委

① 中共党山镇委员会：《关于举办第七届党山庙会暨第四届全民运动会、文化艺术节的通知》（党委〔2012〕41号）。

政府赋予了十分丰富的正面意义。在调查走访中，镇文化部门的负责人也反复向我们表达了他们的努力和美好愿景，即期望借助雷公信仰在当地的历史传统和文化影响力、号召力，将庙会这种百姓喜闻乐见的形式融入新时代的语境、内涵和意义，“传承党山人文历史，展现‘和美’文化特色”，让当地广大村民和外来务工者共创共享“精神文化大餐”。

图 7－4　党山庙会开幕式场景

毋庸置疑，依托政府强大的动员力量和组织网络，是党山庙会得以启动再造和迅速“复生”的关键原因。事实证明，凭借党山强大的经济实力和党政主要领导对乡村文化工作的热情，依托庙会暨全民运动会、文化艺术节这种文化形式，自上而下全民动员、全民参与，在迅速促进农村文化基础设施的建设、助推乡村文化体育事业的发展、繁荣乡村传统文化艺术，乃至和谐干部与群众、企业主与员工、村际、社区、企业之间的关系以及密切本地居民与外来创业务工者的社会交往，提升区域影响力等诸多方面确有其积极意义。然而，如前文所述，庙会因庙而生，是民间神灵信仰的重要表现形式和载体，神灵信仰是构成庙会诸多要素中的核心因子，也恰恰是因为这一点，传统庙会仪式才得以历经成百上千年而绵延不绝。再造的党山庙会致力于“现代文明趋向”的改造，“去神化”的现代性意志使这一传统庙会仪式的再造者们毅然摒弃了所谓传统的神灵信仰与祭祀，以及传统庙会仪式的核心场所——庙宇。这种再造的“现代型庙会”该何以为继？另外，民间仪式植根于民间，其生命力亦在民间，“反映和表达了当地人对人与世界的理解、解释和看法，并提示了他们的文化与社会生活的基本结构以及整体动作规范与秩序”①。党山庙会的再造总体上是基于行政权力对民众呼吁回应的一种表达，其动力主要来源于行政力量自上而下的推动和广泛全面的动员，以及一定程度上的经济刺激。如此，政府的经济实力和主要领导的热情便成了这种仪式活动兴衰成败的关键。笔者在对当地群众进行调查访谈时，也经常听到这样的声音，“这（指党山庙会）都是镇政府在搞的，村里也会组织去……热闹是热闹的，不过每年也都差不多”，“我们在厂里打工也很忙的，有钱发就去一下”②。诚然，仪式缺乏了信仰的支撑，参与者的内源力如何生成并得到持久的激发，这是党山庙会继续存在与发展过程中必须作出有效回应的问题。其实，我们也不难发现，作为主办方的镇党委、镇政府也早已意识到了这个问题，比如，再造后的党山庙会原定2004年起每年举办，而2008年起则改为两

图7－5　党山庙会上的仪仗队和表演队伍

图7－6　党山庙会上的民俗表演

① 褚建芳：《人神之间：云南一个傣族村寨的仪式生活、经济伦理与等级秩序》，北京：社会科学文献出版社2005年版，第20页。

② 笔者访谈时，当地民众如是说。

年举办一届。“现在是越来越难办了，人和节目都不好组织。……镇里主要领导都换了，今年这一届（指2014年的第八届）还办不办，怎么办，都不好说。钱是不缺的……反正最后还是要看主要领导的（意见）。”在与镇里具体负责庙会活动组织策划工作的负责人的交流中，我们也可以感受到从他们话语间流露出的某种疲态和迷惘。

四、存留与升华：党山庙会仪式变迁趋势的讨论

图7－7 庙会上的传统戏曲演出

（萧山越剧团曾盛极一时，萧山民众对戏曲非常喜爱，戏曲演出是党山庙会文艺部分的生养戏，深受老年群众喜爱。）

仪式是一种有意义的行为，这种意义并非物质化的固有的客观存在，它是被社会地、人为地赋予的，却又需要通过特定的基于“规约性”的象征符号和象征方式来表达和实现。乡村传统庙会仪式作为一种传统社会的“遗留物”，成为民间民众生活风俗的一部分，“在总体上是历史

的产物，所以它在从农业社会向工业社会转型的过程中始终是被改造的对象”①。去神化语境下再造“复生”的“党山庙会”，无神亦无庙，已然没有了原初形态及其象征意义。然而，“行为总是比思想更稳固”，人们尽管在果断地砸毁传统信仰，但在行为上依然存在着强烈的抵抗。② 事实上，深入考察党山民众的信仰实践，可以发现，从数百年前的雷公信仰到新中国成立后的领袖神化，再到改革开放后民间宗教活动的悄然复生，尤其是基督信仰的勃兴，对于神圣性的崇拜在党山民众的精神世界中远未消逝。2008年，党山镇政府决定启动党山庙会申报市级非物质文化遗产工作，在此过程中，经当地民间民俗文化工作者的多番努力，又重新恢复了“党山雷公庙会”之名，并“围绕党山雷公信仰文化资源的挖掘、整理、研究、保护、开发、推介等做足了文章”③，最终于2011年成功入选“杭州市第四批非物质文化遗产名录民俗类项目”，或许这就是这一传统民间仪式得以存留的最恰当理由。可以想见，在未来较长时间里，党山雷公庙会作为“非遗”的历史性存在，其“思维观念和肢体仪式共存互生，成为社会记忆的一部分，通过一次又一次的操演和经济理性对话，使传统在表层蜕变的同时，保持底层的延续”④。

（一）远未消逝的神灵崇拜：党山民众的心灵世界

“从根本上说，所有的巫术和仪式等，都是为了满足人

① 高丙中：《精英文化、大众文化、民间文化：中国文化的群体差异及其变迁》，《社会科学战线》1996年第2期。

② 刘锦春：《仪式、象征与秩序——对民俗活动“旺火”的研究》，南开大学博士学位论文，2005年，第122页。

③ 调查访谈时，党山镇文管干部如是说。

④ 纳日碧力戈：《各烟屯蓝靛瑶的信仰仪式、社会记忆和学者反思》，《思想战线》2000年第2期。

们的基本需要。”① 在农耕时代，雷公信仰成为维系党山民众心灵安宁和建构村落秩序的精神纽带，而雷公庙会仪式，则以神圣与世俗交融的方式促进了人神交流，帮助现实生活中的人们“减少忧虑并保持高度的信任和信心，保持一定的形式来应对现实”②。进入改革开放新时期，党山迅速发展为一个工业化城镇，民众也经历了从蒙昧混沌到现代文明的深刻洗礼。然而，这一社会剧变的过程，总体上还是在政府主导下展开的，而民众，尤其是原先生活于社会底层的农民确实存在着某种程度的被动性，或者说是“被引入”现代社会的。他们对现代生活感到眼花缭乱又充满疑惑，迫切需要寻求心理的支点，于是传统民间信仰及仪式应运重生，成为他们回味传统，感知现在，并在其中寻找自身存在的文化纽带和精神力量。在党山，自“文革”期间雷公庙宇和雷公神像被摧毁后，至今一直未复建，2004 年“复生”的党山庙会实际上也几乎没有传统雷公信仰的元素。换而言之，在当下的党山没有像其他地方一样传统信仰复苏的显性表达。然而，党山民众对神圣性的崇拜和追求却一直未曾消失。从调查情况看，当下党山民众的信仰庞杂多元，其中基督信仰的勃兴是其发展的一个显著特征，具体表现为教会点增多、传播力量的增强和

图 7－8　周边村镇的一座新建庙宇
（镇上的百姓常到这里敬神。）

① 刘锦春：《仪式、象征与秩序——对民俗活动“旺火”的研究》，南开大学博士学位论文，2005 年，第 5 页。

② 李向平：《信仰如无法制，精神必定走私》，佛缘网，http://www.foyuan.net/article－125690－1.html，2009－06－06。

手段的多样化、信众人数的迅猛增长等①。传统信仰依然活跃，在民间传统的佛道俗神崇拜中，送子观音、财神关公、大肚弥勒等是百姓日常最崇拜的神灵。因村中无庙，人们或到镇外的庙宇中进行祭拜活动，或在家中设立神龛以日常香火祀之。虽时过境迁，但雷公信仰还一直为众多的中老年信众所坚守，因为在他们看来，“雷公是祖先的保护神，也是党山这个地方的保护神，还是党山与别处不一样的地方”②。

（二）非物质文化遗产：党山雷公庙会神性的游离与徘徊

图7－9 党山镇上的老街

“仪式绝不仅仅专属于传统的、前现代的社会，现代社会政治生活和权力的运作同样离不开仪式。”③ 生活于传统社会的普通民众来说，民间信仰仪式是人们的生存方式之一，而在当下，对于政府而言，传统民间仪式的再造与征用，可以与社会治理相结合，成为一种政治实践。如前文所述，党山庙会再造有两个重要特征：一是神性的游离，二是政府的自觉介入。去神化并未导致再造的党山庙会的迅即瓦

---

① 2009年，杭州市萧山区党山镇有关部门完成了该镇人们基督教信仰情况的专项调查。调查显示，全镇共有信基督教人数3 503人，占全镇总人数的8%左右。参见包成荣：《杭州市党山镇完成本地区人们基督教信仰情况调查》，佛教在线，http：//www.fjnet.com/gdb/200907/t20090706_ 127152.htm，2009－07－06。

② 调查访谈时，民众如是说。

③ 郭于华：《陕北骥村的仪式与社会变迁研究》，三农中国网，http：//www.snzg.cn/article/2008/0322/article_ 9558.html，2008－03－22。

解，其中一个重要的原因即在于政府的强力主导，及其试图努力建构的政治文化与经济意义。党山庙会由传统社会中的民间行为上升为政府行为，一方面当地党委政府通过其对话语的主导权，在再造的庙会中选择了对当下乡村社会政治文化发展有利的方面，突出了庙会“和美”的象征意义，突破原本为自己、家人和村落祈福禳灾的主旨，努力建构更高层次的文化目标——文明幸福新党山。另一方面，极力拓展和延伸庙会的商业意义，主导庙会的内容设置和场所设置，精心策划和设计商贸展销板块，除了开展一般的商品交易活动外，还引入工业产品设计大赛、农业科技下乡与名优农产品展示会、海外高新技术行业对接会、汽车展等经贸活动项目，营造了浓厚的商业经济氛围。当然，在庙会的各种展出和文艺表演活动中，现代技术和文化元素的大量引入和使用，也在一定意义上体现了政府致力于将传统仪式引向现代的努力，这对于引领乡村民众融入和适应现代社会生活无疑也将会是一种有益的促进。

图 7－10　党山镇上的老宅

可是，“如果仪式不具有一定程度的神圣性，它就不可能存在”①，“这是因为能够使它们成为膜拜对象的神圣性质

① ［法］爱弥尔·涂尔干著，渠东、汲喆译：《宗教生活的基本形式》，上海：上海人民出版社 1999 年版，第 41～42 页。

并不来源于其自身的构造，而是信仰加在上面的”①。其实，自从再造后的党山庙会“复生”以来，当地政府和民众就已整体性地表现出了一种矛盾心理。这种矛盾心理“是一种文化惯性与新文化观念的对抗，其本质是从过去的一种集体无意识到目前反思过后的理性与非理性抉择的较量”②。2003 年，联合国教科文组织通过了《保护非物质文化遗产公约》，对照其中规定，民间信仰中的鬼神崇拜、信仰仪式及各种禁忌等应属于非物质文化遗产“五个方面内容”中的第四项，即“有关自然界和宇宙的知识和实践”③。因此，我国众多的以信仰为核心的民间仪式成了各级各类非物质文化遗产而得以更好地保护传承和开发利用。在此背景下，并经当地民间文化工作者的积极努力，镇党委政府更加认定了传统庙会仪式在现代乡村社会发展中的文化和经济意义，经过与民间的反复互动与斟酌，终于同意恢复“党山雷公庙会”的名称，并成功申报入选杭州第四批非物质文化遗产名录。申报材料对党山雷公庙会的历史渊源、信仰元素、对于当地经济政治社会文化生活诸方面的广泛影响、在当代的有效传承与弘扬，以及未来的保护发展措施等进行了详尽的描述。其中提出，要“合理吸取和保留传统民间仪式文化元素，反映传统乡村庙会的基本特征，全方位、多角度地体现老百姓自己的传统节日。……使庙会真正体现党山的历史文化底蕴，使传统文化与现代人文精神在此得到有机结合”④。不难看出，政府与民间在对待传统民间仪式的传承上尽管有不同的价值取向，但是都希望它能以

① ［法］爱弥尔·涂尔干著，渠东、汲喆译：《宗教生活的基本形式》，上海：上海人民出版社 1999 年版，第 452 页。

② 刘锦春：《仪式、象征与秩序——对民俗活动“旺火”的研究》，南开大学博士学位论文，2005 年，第 121 页。

③ 联合国教科文组织：《保护非物质文化遗产公约》，中国人大网，http：//www. npc. gov. cn/wxzl/wxzl/2006 -05/17/content_ 350157. htm。

④ 党山镇政府：《杭州市非物质文化遗产名录申报书》，2010 年。

正当性的方式继续存留，他们都既期待现代文明带来的更多便利，同时也在精心建构着他们的神圣仪式。

（三）乡村传统庙会仪式的正位与意义升华

“传统文化作为实质性传统，作为民族精神的内在要素和‘遗传因子’，可以保证中国文化的连续性，可以为剧变中的人民大众提供文化调适的精神依托。”① 有效的文化传承在构建社会记忆、增强文化认同和凝聚社会力量等方面具有积极的意义。传统社会的民间信仰仪式是促进人与神沟通的使者，是协调和维护人与自然之间和谐关系的象征。从农业文明转向工业文明和现代文明，在文化的变迁中，凸显地域文化象征的传统民间仪式“由维护人与自然之间的关系转向协调人与人之间的关系……集结并协调统一追求幸福和谐的象征，对当地社会起到了‘秩序化’的作用”②。

图 7－11　党山镇新农村文化建设论坛

作为非物质文化遗产的传统信仰仪式，在以现代性话语和经济理性为主导的情境下，它的有效保护与传承发展的确是一个很沉重的话题。“仪式内容的淡化，参与者‘扮演’意识的增强，临时制度的产生，都促使民间仪式从原有的‘精神’层面中走出，转换为文化‘游戏’。……

① 高丙中、纳日碧力戈：《现代化与民族生活方式的变迁》，天津：天津人民出版社 1997 年版，第 114 页。

② 刘锦春：《仪式、象征与秩序——对民俗活动“旺火”的研究》，南开大学博士学位论文，2005 年，第 116 页。

也许我们保护下来的仅仅是‘仪式’，丧失的是‘精神’。”[①] 通过近些年来的民俗文化保护发展实践，我们也已经越来越清楚地认识到，人为地割裂传统信仰与现代文明的关系是不可取的，“国家的现代化建设并不是使用现代理性去消灭宗教，而是允许民间社会宗教纳入到现代文化中去”[②]。因此，党山雷公庙会作为一种非物质文化遗产的存在，既不能完全视之为历史的遗留物，也不能不看到蕴含于其中的传统文化基质得以存留的当代意义。

作为地域文化象征的传统民间仪式，是人们在特定的生态环境下历经漫长而广泛的社会实践形成，并在区域范围内得到普遍认同的文化现象。如同“法律是立法者创立的特殊的和精密的制度，风俗与习惯是一个国家的一般制度”[③]，它的“存废是不以人的意志为转移的，也不可能由立法者的主观意志所决定，更不可希冀一纸法令即可废止”[④]。近十多年来，党山雷公庙会仪式的“再造”与“做大”，在助推地方文化建设方面发挥了积极作用，也比较鲜明地突出了地域文化的特征。现代党山庙会追求“和美幸福”的主题与先民们崇信“雷震而万物生”的百折不挠的乐观进取意志，可以看作是这个地区的文化品格。这在普通民众的世俗生活中，或许具有其他文化形态难以比拟的亲和力、感召力、凝聚力和渗透力。从这个意义上说，保护传统民间仪式的传承机制，总结提炼和培育发展蕴含于其中的文化精神，为美丽乡村建设服务还是当代人一种义

---

① 郑工：《对民间仪式性文化活动的保护建议》，深圳新闻网，http：//www. sznews. com/art/content/2006 – 08/10/content_ 233632. htm。

② 朱炳祥：《村治权力与仪式变迁——以周城白族火把节为例对国家与社会关系的微观考察》。载徐杰舜、周建新主编：《人类学与当代中国社会》，哈尔滨：黑龙江人民出版社 2003 年版，第 221 ~ 233 页。

③ ［法］孟德斯鸠著，张雁深译：《论法的精神》（上册），北京：商务印书馆 1963 年版，第 310 页。

④ 范进学：《认真对待习惯权力》，《法制日报》，2002 年 5 月 12 日。

不容辞的历史责任。

此外，党山雷公庙会作为独具地域自然历史文化特色的文化资源和文化遗产，还具有资本化的巨大潜力。借鉴国外发达地区文化创意产业发展的成功经验，“合理利用独特的自然与文化资源，打造属于本土的文化品牌，有利于推动地区特色文化产业的发展”[①]。同时，地域特色自然历史文化资源和文化遗产的产业化发展，也有助于“非遗”本身文化厚度的挖掘、保护、传承与发展，增强价值认同和文化影响力。

① 陈美华、陈东有：《英国文化产业发展的成功经验及对中国的启示》，《南昌大学学报》（人文社会科学版）2012 年第 5 期。

第四编

社会治理现代化进程中的民间信仰

第八章　正名与正行：民间信仰社会控制论[①]

民间信仰不仅仅是一种历史现象，还是一种民族性的文化资本。在中国民间文化中有着数千年所形成的深厚积淀，在民众生活习俗中有着深广细微的渗透。在我国，信仰系统宗教的人所占比例并不高，而民间信仰却有着广泛的群众基础，并影响着外来的世界性宗教在中国的发展。因其强大的文化惯性，虽历经毁灭性冲击，但一直得以存续。

特别是自20世纪80年代以来，民间信仰在我国广大乡村的迅速恢复发展，则进一步表明了民间信仰在中国民众意识中根深蒂固，体现了中国民间信仰早已成为民族文化特别是大众文化的一个组成部分，其所信奉的人文道德精神，不仅丰富了中国传统伦理文化的内涵，也为民间社会的整齐风俗与民众的精神安顿提供了实践智慧和终极关怀。

然而，民间信仰如同其他延续至今的传统文化一样，肯定都包含着封建迷信的因素以及其他已经不能适应当代社会发展的因素。因此，国家在社会控制层面上既要准确界定民间信仰的性质及其在社会文化系统中的地位，更要加强民间信仰的管理，引导民间信仰与构建社会主义和谐文化发展战略相适应，使其成为和谐社会建设的重要文化资源。

---

① 据《论和谐文化视阈下民间信仰的社会控制问题》一文修改。原文刊载于《福建论坛》（人文社会科学版）2010年第5期。

一、一种文化资本：民间信仰的性质及其文化价值

图8-1　文昌帝君

（文昌原是属星官名，有“文曲星”或“文昌”的说法，而掌管“文昌”的属官，则称为“文昌帝君”。在神话中，文昌星君掌管天下的功名、禄位大权，因此，文昌星成为文人崇拜的星座，人们为祈求文昌星君保佑地方文化昌盛，多得功名、人才而兴建文昌庙。）

民间信仰是最具中国乡土特色的信仰现象，它有着悠久的历史，深刻的民族、文化和政治渊源，以及丰富的内涵。在我国，不同的群体在不同的历史时期对民间信仰有着不同的认识，对民间信仰也有着不同的指称，与之相类似的概念有“迷信”、“民间的信仰”、“民众信仰”、“民间宗教”、“民俗宗教”、“俗信和迷信”等。长期以来，人们对民间信仰持有两种不正确的评判：一是在性质上把整个民间信仰归入“封建迷信”，属于破除打压之列；二是在形态

上认为民间信仰是一种死文化或濒死的文化现象。[1] 改革开放之后，宗教信仰自由政策得到落实并日臻完善，在传统的“五大宗教”[2] 恢复和发展的同时，民间信仰的普遍复旧并应运重生再次引起了人们的关注。民俗学、历史学、人类学等学科抛开“民间信仰即是封建迷信”的论调，从正确认识民间信仰的角度出发，以各自的方法和理论对民间信仰进行了深入的研究。一系列的理论研究和社会实践表明：把信神与社会进步完全对立起来，把民间崇拜和祭祀神灵的活动一概指为封建迷信，视为愚昧落后，作为陈规陋习，必欲革除而后快，这就势必伤及民众信仰自由和民间正常的精神生活，造成传统的断裂、信仰的空缺、文化的贫乏和道德的混乱。健康的民俗活动与封建迷信的区别不在于是否崇拜神灵，而在于：第一，是否有益于身心健康和社会进步；第二，是否能丰富文化、美化生活。[3] 诚如陶思炎先生所言，正常的或良性的民间信仰，没有人为的、欺骗性的性质，表现为传统观念的自然沿袭和民间对精神生活的广泛需求。[4] 我国的民间信仰是一种无经典、无明确或无系统教义，也没有固定仪式的有神论信仰，表现出相当大的无序性，其内容十分庞杂，从对形形色色的自然物和自然力的信仰，到对祖先、鬼魂的崇拜，同时老百姓也根据自己的社会需求、意愿和想象创造新的神灵，众多先贤圣人和英雄人物成为神灵，受到民众的顶礼膜拜，信仰对象

① 金泽：《能否和谐发展：民间信仰面临的挑战与选择》，《福建省社会主义学院学报》2006 年第 1 期，第 38 ~ 42 页。

② 中国人习惯上称中国有五大宗教，即天主教、基督教（指基督新教）、伊斯兰教、佛教和道教，而实际上只是在世界三大宗教基础上加上了中国传统宗教——道教。

③ 牟钟鉴著：《宗教 · 文艺 · 民俗（自序）》，北京：中国社会科学出版社 2005 年版。

④ 陶思炎：《迷信、俗信与移风易俗——一个应用民俗学的持久课题》，《民俗研究》1999 年第 3 期，第 6 ~ 12 页。

图 8－2　庙中供奉的孔子像

图 8－3　浙江富阳胡氏祠堂中的祖训

涉及世界、人生的方方面面，形成了一个具有巨大影响的亚文化体系。它们不仅继承了原始宗教中多神崇拜的特点，而且尤其寄托于祖宗的保佑，重生重死，相信因果报应、天定宿命、感应证验以及阴阳与人鬼的两重世界。几千年来，尽管这些信仰从来没有被接纳为主流信仰，也很少通过文字进行传承，然而却依附于中国传统的儒、释、道，并与之盘根错节，成为中国文化的一个重要的组成部分。它们无时不有，无处不在。不论是各民族原始信仰的延续与混合，还是逐步演变为各民族的风俗习俗，都拥有数量众多的信众，与普通民众的日常生活紧密联系，慰藉人们的心灵，并深深地植根于民众的意识之中，影响着我国一代又一代人的思想和信仰，形成了本民族特有的民众文化心理、道德价值观、生活方式和行为准则。因而，在这个意义上可以说，民间信仰是中国民俗文化的根本所在，是本土化的信仰资源。或者说，民间信仰不仅不是封建迷信，反而是中国的一种文化资本，只是“目前是以一种比较粗糙的形态存在”[①]。

民间信仰的存在有几千年的历史，它代表一个丰富的文化史。[②]从共时性的结构角度说，民间信仰在社会文化系统中不是主导文化，甚至也不是主流宗教，属于“小传统”，即地方性的乡土文化。[③] 而从历时性角度来看，民间信仰尽管在地位上不及“五大宗教”那么显赫，但若上溯其源，它的历史要远远长于任何一种创生性宗教[④]，其影响面也大大宽泛于“五大宗教”。长期以来，民间信仰不仅是原生性宗教信仰的继承者，也是创生性宗教信仰的继承者，特别

图 8－4　广州某乡村旅游景点中的济公像

---

① 高长江：《民间信仰：寻求合情、合法的空间》，http：//www.chinaumu.org/content/2009－11/02/content_ 2914987.htm，2009－11－02。

② 马莉：《中国民间信仰在现实中的生长力及文化价值初探》，《兰州学刊》2005 年第 6 期，第 233～235 页。

③ 金泽：《能否和谐发展：民间信仰面临的挑战与选择》，《福建省社会主义学院学报》2006 年第 1 期，第 38～42 页。

④ 从发生学的角度来看，被称为“宗教”的各大精神传统，可划分为两种基本类型：一种是创生性宗教，现在中国政府承认的五大宗教都属于这种类型；另一种是原生性宗教，它们在历史上没有一个公认的创始人，乃于各民族原始部落文化基础上逐步积淀演化而成，有代表性的包括印度教、神道教和中国的民间信仰这三大精神传统。参见曾传辉：《中国的民间信仰是不是宗教》，http：//www.crich.org.cn/Item/1564.aspx，2009－09－17。

是道教和佛教的继承者。[①] 中国宗教，尤其是道教，常常借助于民间信仰的力量，促进自身在中国社会的传播。同时，民间信仰也不断地将各种宗教的思想乃至教义本土化和民俗化，如将佛教的轮回转世、因果报应，道教的神仙鬼怪，儒教的伦理道德，甚至基督教的天堂地狱等进行分解、吸收、改造，使之变得通俗化和中国化，成为“民间信仰化的佛教”或“民间信仰化的基督教”，从而广为民众所熟知。

改革开放后，一度绝迹的寺庙遍布全国各地城镇乡村，信众很多。民间信仰复苏的速度与规模远远超过“五大宗教”。据有关资料统计，改革开放后的十余年间，浙江省新修寺庙的数量是基督教新修教堂的 20 倍甚至 100 倍，拆除的属非法修建的寺庙就达 1.79 万处。[②] 仅福建省，到 1992 年就重建了 3 万多处寺庙，而各个大的家族还在陆续重建或新建他们的祠堂。[③] 近年来，这种信仰更有上升趋势，像这类以集资修建庙宇、烧香供奉为特点的信仰活动有增无减。据《楚天都市报》报道，2010 年农历正月初五（民间传说中“财神爷”的生日），70 余万武汉市民陆续到汉阳归元寺拜财神，敬香人数较去年突破 60 万之后，再创新高。[④] 类似现象，在当下中国绝非个案。这在一定程度上反映了民间把“过去”的文化改造为能够表述当前社会问题的交

---

① 金泽：《能否和谐发展：民间信仰面临的挑战与选择》，《福建省社会主义学院学报》2006 年第 1 期，第 38 ~ 42 页。

② 高师宁：《当代中国民间信仰对基督教的影响》，《浙江学刊》2005 年第 2 期，第 50 ~ 55 页。

③ 马莉：《中国民间信仰在现实中的生长力及文化价值初探》，《兰州学刊》2005 年第 6 期，第 233 ~ 235 页。

④ 汪亮亮、陈骥等：《70 万香客归元寺迎“财神”》，《楚天都市报》，2010 年 2 月 20 日。

流模式的过程。[1]

比如，关羽为晋商心中的偶像，晋商所到之处，几乎没有不盖关帝庙的。在今天的山西，每年都要举行大型的关帝祭祀活动，关帝庙自然也成了山西商人的“文化家园”，它不仅是人们祭拜关帝的圣地或者庙宇，而且也是山西传统社会、文化和象征的中心。在浙江缙云，自 1998 年起，每年都要举行两次祭拜轩辕黄帝的仪式，重阳节为公祭，清明节为民祭，公祭由官方组织，民祭由民间组织，设司仪、主祭、陪祭，恭读祭文，敬献三牲五谷、行祭祀舞，并在礼成后，举行大型民间文艺表演活动，并由此进一步确立了“北陵南祠”的祭祀黄帝格局。这对于缅怀中华民族共同始祖的丰功伟绩，进一步弘扬中华民族不屈不挠、勇于创造的进取精神，增强海内外中华子孙的凝聚力和向心力，推动祖国和平统一，具有重要意义。[2] 在台湾，来自闽北的移民从湄州带来了妈祖娘娘，闽南人带来了保生大帝和清水祖师。他们通过这些与其他住民区分开来，在现今环境下保持与

图 8－5　浙江某地新建庙宇中的佛祖像高耸云天

① 马莉：《中国民间信仰在现实中的生长力及文化价值初探》，《兰州学刊》2005 年第 6 期，第 233～235 页。

② 浙江省政协副主席徐辉在 2009 年仙都公祭轩辕黄帝大典暨旅游文化节开幕式上的讲话。参见中国缙云新闻网，http：//www. jynews. com. cn，2009－10－26。

他们的“源头”——大陆的历史联系。在这里，祠庙和神灵成为民众社会认同的象征。

又如，每逢春节，几乎家家户户都要贴门神像，设神位，敬祖先，烧香叩头，虔诚祭拜；人的出生、成丁、婚姻、死亡等都要举行相应的典礼和仪式等，这些都延续了中国传统文化中“祖有功，崇有德”的社会伦理观念，承载着民众对崇拜对象或信仰对象的畏惧、祈求与期待。近年来，在浙西南，菇神、剑神、碳神等行业神崇拜与祭祀活动再度兴盛。这不仅有后人不忘先人之意，但其中更大的作用则是以祖师的名义，制定规章制度，以规范自身行业，坚固立身于社会的根基。同时，这也有利于人们的团结和安全生产。

图 8－6　门神像

再如，据有关调查表明，民间信仰作为一种非制度性、非规范化的社会调控力量，在乡村社会建设中起着积极的整合与促进作用。[①] 在一些相对偏远的农村地区，生产发展相对落后，民众的生活条件也不宽裕，但百姓和睦，乡风良好，村容整洁，社会安定，这与民间信仰的社会整合与道德教化不无关系。因而，从某种角度来看，“让民间信仰

① 马莉：《中国民间信仰在现实中的生长力及文化价值初探》，《兰州学刊》2005 年第 6 期，第 233～235 页。

融入乡土发展是一种有意义的文化建设”①。

当前，我国正处于社会转型期，西方文化铺天盖地地袭来，由于过去我们对民间信仰的过度打压和摧残，加之我们长期较多注重民间信仰与系统宗教的区别，于是在许多地方，外来宗教乘虚而入，试图替代民间信仰所发挥的社会功能。特别是基督教在中国农村发展迅猛，逐渐成为许多乡村民众原有信仰的替代品。当然，这“实际上是鬼神观念极普遍的中国老百姓在信仰对象上的一种转移或移情”②。事实表明，在我国民俗文化浓厚、民间信仰繁荣的福建、台湾等地，外来宗教就缺少市场，难以生存。由此看来，在抵御外来宗教渗透的过程中，民间信仰也以其民族文化资本的特有张力发挥着潜在的重要作用。

二、主体角色迷失与功利化倾向弥漫：民间信仰社会控制中的悖论

社会控制是指社会组织体系运用社会规范以及与之相对应的手段和方式，对社会成员（包括社会个体、社会群体及社会组织）的社会行为及价值观念进行指导和约束，对各类社会关系进行调节和制约的过程，它包含着在特定社会历史环境下社会控制的主体、手段和对象。③ 在引导和规范民间信仰方面，政府应该是社会控制的主体。新中国成立以来，历经土地改革、“破四旧”运动以及文化大革命的狂潮，我国延续了数千年的民间信仰在强大的国家力量

① 高师宁：《当代中国民间信仰对基督教的影响》，《浙江学刊》2005 年第 2 期，第 50 ~ 55 页。

② 高长江：《民间信仰：寻求合情、合法的空间》，http：//www.chinaumu.org/content/2009 －11/02/content_ 2914987. htm，2009 －11 －02。

③ 郑杭生主编：《社会学概论新修》，北京：中国人民大学出版社 1994 年版，第 436 页。

干预下出现了全面的断裂。改革开放后，政府与民间信仰的关系迎来了新的时期。1982 年通过的《宪法》规定，“中华人民共和国公民有宗教信仰自由。任何国家机关、社会团体和个人不得强制公民信仰宗教或者不信仰宗教，不得歧视信仰宗教的公民和不信仰宗教的公民。国家保护正常宗教活动。任何人不得利用宗教进行破坏社会秩序、损害公民身体健康、妨碍国家教育制度的活动。宗教团体和宗教事务不受外国势力的支配”。1995 年，国家宗教事务局印发了《宗教政策学习纲要》，其中对宗教与封建迷信作了区分，并指出，由于它们之间的区别，“党和政府对它们采取了根本不同的政策”，国家在保护正常宗教活动的同时，对“封建迷信采取坚决取缔的政策，对各种不属于宗教范围的、危害国家利益和人民生命财产的迷信活动，给予坚决的打击”。但是对于民间信仰的属性问题，相关法律与政策都没有作出明确规定，而是把对民间信仰的应对责任移权给地方政府，由地方政府根据当地民间信仰的实际情况制定相应策略。1982 年，《中华人民共和国文物保护法》的出台，表明国家从法律层面肯定了对那些年代久远、有文物保护价值的民间信仰庙宇建筑的保护。[①] 此外，由于

图 8－7　宗教旅游景区或庙会中经常可见到的看相算命摊

---

① 范正义:《民间信仰与地域社会——以闽台保生大帝信仰为中心的个案研究》，厦门大学博士学位论文，2004 年，第 156 页。

祖国和平统一的需要，国家又出台了鼓励和促进两岸民间文化交流的政策。在这样的背景下，政府与民间信仰的关系呈现出前所未有的复杂局面。考察当下地方政府与民间信仰的关系，存在着一个悖论，即一方面，政府主体角色迷失，多充当领导者而不是引导者，对民间信仰缺乏应有的尊重和理解，仅仅看到其中的封建迷信成分而加以取缔，或表现为“不作为”的状态；而另一方面，政府部门又积极地表现出了鲜明的功利主义取向，热衷于“香火经济”，任其滋长、蔓延。

（一）主体角色迷失，社会控制弱化

由于国家的宗教政策对民间信仰属性的模棱两可，民间信仰长期以来未明确归口管理部门。主管部门的不明确，加上《中华人民共和国文物保护法》出台后文化部门的介入，以及在和平统一国策的驱使下，侨办、台办等统战部门对民间信仰的关注，使得介入民间信仰管理的地方政府部门增多。[①] 比如，2009 年 10 月举办的己丑年中国仙都公祭轩辕黄帝大典，省市县及有关部门领导 20 余人出席了仪式，包括省人大、省政府、省政协、省委宣传部、省委统战部、省旅游局，市县党委、人大、政府、政协四大领导班子及公安、宣传、统战、宗教、文管、旅游、侨台办等部门领导，参与大典筹备的领导和部门则更多。在由厦门市有关部门开展的民间信仰情况调查中，当地众多民间信仰场所管理者对其中“有事找政府的哪一部门”这一问题所作的回答是：“一、管理委员会及镇政府；二、重大事务找

① 范正义：《民间信仰与地域社会——以闽台保生大帝信仰为中心的个案研究》，厦门大学博士学位论文，2004 年，第 156 页。

市对台办、政协、社科联、文管会、宣传部。”[1] 由此，我们可以看出地方政府多部门协调合作管理民间信仰的现实。

管理部门的增多，表面上看，似乎能更有效地实现对民间信仰的控制与管理。但在现实中，政府各部门包括宗教事务部门，大多认为民间信仰非本部门的专责而疏于管理，甚至未加管理。“由于不是法定宗教，宗教事务部门普遍未加管理，其他部门也多不管。”[2]“除少数较大的寺庙注意完善管理制度，注意开展联谊工作和发展旅游业以外，基本上听任其自由泛滥，各自为政。”[3] 此外，由于介入民间信仰管理部门的增多，就是那些积极进行管理的各政府部门，也常因彼此间的权力交叉与重叠及相互牵制，造成管理上的漏洞。民间社会利用这些空隙，为民间信仰的生存与发展不断创造出新的空间，在信仰对象上出现无限扩大的趋势，像简单的数字、一些小摆设、与“吉语”谐音的器物、食品等都可能成为崇拜对象，价值彰

图 8－8　杭州某小区阳台上的小广告牌

［小区阳台上挂着“算命（门号、八字）”及标有房号、电话、手机号码等信息的小广告牌。］

① 据厦门政协法制委员会对厦门市民间信仰问题的问卷调查。参见范正义：《民间信仰与地域社会——以闽台保生大帝信仰为中心的个案研究》，厦门大学博士学位论文，2004 年，第 160 页。

② 笔者在调查访谈时，民宗局干部普遍如是说。

③ 笔者在调查访谈时，民宗局干部普遍如是说。

显与陋俗复燃并显。

截至目前，我国尚未出台有关民间信仰的法规和管理办法，各地各部门对民间信仰的性质、社会影响缺乏共识，致使其长期处于放任自流状态，既不能充分发挥其正面的社会功能，又不能有效抑制其消极影响，这成为精神文明建设的死角和不容忽视的社会问题。

（二）功利化倾向弥漫，利益原则突出

民间信仰与宗教有着许多相似点，是封建迷信的同胞兄弟，这增大了地方政府按章管理的难度。同时，民间信仰与宗教及封建迷信间界限不明又拖泥带水的关系，也在社会控制层面上为地方政府和相关部门的管理提供了很大的灵活性。① 当下，地方政府建立了多部门协调合作管理民间信仰的机制，但在确定哪些民间信仰场所和形式应受到扶持与鼓励，哪些应该加以弹压时，功利化倾向很明显，利益原则体现得相当突出。即以其是否与地方社会建立利益关系为控制标准，支持那些与地方社会的发展形成良性互动的民间信仰形式与场所；对那些未能与地方社会建立明显的利益关系，但又未对社会秩序造成明显破坏的信仰活动与场所，则仍采取传统社会地方政府的那种“则亦仍之而已”的态度；只有当一些信仰活动及场所对社会秩序可能造成严重破坏时，才采取打击与取缔的政策。②

---

① 范正义：《民间信仰与地域社会——以闽台保生大帝信仰为中心的个案研究》，厦门大学博士学位论文，2004 年，第 166 页。

② 范正义：《民间信仰与地域社会——以闽台保生大帝信仰为中心的个案研究》，厦门大学博士学位论文，2004 年，第 167 页。

图 8－9　某处已开发为旅游景点的村庙

（与别处不同，此处已开发为旅游景点的村庙还建了主祀神灵的寝宫，床上摆满了香客赠送的床上用品，床前位置设有巨大醒目的功德箱。）

这种控制标准中的利益性主要体现在：①庙宇等民间信仰场所被列为文物保护单位，这意味着其所在地方的传统文化资源得到认可，这在国家和政府对地方社会综合实力的评估中，通常占有相当重要的分量；②许多民间信仰场所不仅具有历史文物价值，且多位于风景秀丽之处，能够刺激和带动旅游产业及相关行业产业与社会事业的发展，直接推动了所在区域的经济建设和社会发展；③基于两岸关系发展的现实，通过两岸民间信仰文化的交流，可以达到“由神引人、由民促官”，最后实现祖国和平统一大业的功效。当然，这三种利益关系，在现实中又是相互依存，常常是互相缠绕在一起的。既然具有了历史文物价值，当然也就成为游客流连忘返的地方，带动了地方经济发展，也就可以吸引侨台胞前来观光礼拜与文化寻根，增强海内外中华子孙的凝聚力和向心力，促进社会认同。显然，当代民间信仰与地方社会建立的利益关系都是实实在在的，实践上也确实是有利于社会的发展进步的。这与传统社会中那种虚幻的“显灵”关系不同。[①]

然而，当下社会的这种利益性极为突出的控制标准，又必然致使民间信仰中“属于神韵性的东西正在消失”[②]。很多地方为了发展经济把原本用于“安身立命”的精神文化变成一种仅供观赏的景观文化。如畲族舞蹈以前是当地人和祖先联系的纽带，而现在跳舞“只是为了招揽游客，客人走了之后就不跳了”。还有更多民间信仰的东西以艺术的形式因走进城市而走样。这些都在一定程度

图 8－10 张挂于某风景区墙上的《诵经须知》

（其中写明，诵经须“缴费 80 元，凭据开门”。）

① 在传统社会中，神祇和宫庙往往是通过显灵的方式与地方社会建立利益关系的，这种社会关系的内容是虚幻的，但它的社会影响，即在官方与广大信众心中造成的心灵震撼，又是实实在在的。参见范正义：《民间信仰与地域社会——以闽台保生大帝信仰为中心的个案研究》，厦门大学博士学位论文，2004 年，第 167 页。

② 高长江：《民间信仰：寻求合情、合法的空间》，http：//www. chinaumu. org/content/2009－11/02/content_ 2914987. htm，2009－11－02。

上抑制了民俗文化的有效传承和民间信仰作为民族文化资本的整体性功能发挥。

三、传承与重构：民间信仰社会控制的实践路径

民间信仰是历史上长期存在并将继续长期存在的一种宗教现象，作为一种民族特色鲜明的本土化信仰资源，它不从属于任何一种宗教，从产生到发展，有其特殊的历史规律和特点。这也决定了它在新时期社会主义和谐文化构建中具有不同于制度化宗教的地位和作用。民间信仰与和谐文化构建及社会控制策略选择的关系问题，涉及历史和现实的方方面面，是个非常复杂、需待时日加以研究的问题。[①] 但以下几个方面是比较迫切需要解决的。

（一）理性评估民间信仰的社会地位，充分发挥民间信仰的正向功能

一个民族的精神产生于文化，文化的灵魂体现于道德，道德的支撑在于信仰。一个人如果没有信仰，就会无所为或无所不为，都会给人类社会带来灾难性的后果。[②] 通过对改革开放以来民间信仰回潮现象的考察，我们首先要认识到民间信仰在当代中国的不可替代性，因为民间信仰在其发展演变的数千年中一直根植于普通民众的内心深处，并在其心理反应、思维方式和行为习惯中不断延续着，其中有强大的民族传统文化惯性、信奉的理想和赖以生存的信念，“百姓日用而不知，如水之于鱼”，除非有新的信仰形式可以取代。共产主义信仰

---

① 金泽：《能否和谐发展：民间信仰面临的挑战与选择》，《福建省社会主义学院学报》2006 年第 1 期，第 38 ~42 页。

② 屈迪、崇山：《浅析民间信仰在抵御境外宗教势力渗透中的作用》，《内蒙古统战理论研究》2006 年第 4 期，第 24 ~27 页。

是无神论者的最高追求，对神灵的敬畏和善恶报应是有神论的信仰追求。民间信仰在其发展过程中，延续了中国传统文化中“祖有功，崇有德”的伦理道德精神，将先贤圣人加以神圣化，使一时一地的英雄人物及其所代表的人文精神和优秀品格超越了时空限制而成为永恒，并对普通信众产生较强的道德引导和教化作用。因而，要引导民间信仰与社会主义和谐社会建设相适应，就不能对民间信仰持简单排斥的态度，不能否定其蕴含的积极因素。

同时我们还要看到，民间信仰作为中国本土化的信仰资源，不管是中国本土宗教的发展，还是外来宗教的渗透和传播，都绕不开它。如何面对它、解决它；如何引导民间信仰，使之对社会发展更有利；如何不使它对社会造成危害或造成危险倾向；如何促进它多吸收现代元素完成向现代社会转型，使之与现代社会进步相适应，等等，这些都是当前需要解决的重要课题，而且是带有政治性的问题。为此，我们应该积极开展这方面的研究，进一步理顺民间信仰与新时期国家政治建设、经济建设、文化建设和社会建设的关系，努力使民间信仰真正成为新时期中国文化发展战略中的一个有机组成部分。

图 8－11　浙江美术馆中精美的佛像工艺品

（二）以积极“扬弃”的姿态，重塑民间信仰系统

图 8－12　刘承忠将军塑像

（相传元朝末年，江浙一带蝗虫泛滥成灾，刘承忠将军率领军队与百姓一起夜以继日扑灭蝗虫。消灭了蝗虫后又组织生产自救，带领部下和百姓下湖捕鱼捉蟹、摸蚌捞虾度荒。后刘承忠因劳累过度，不幸溺死于嘉兴连泗荡中。百姓们对刘将军感恩戴德，为刘将军塑像，称之为“刘猛将军”，亦尊称为“刘王爷”。）

图 8－13　甘肃武威文庙中的孔子行教像和皇帝御笔匾额

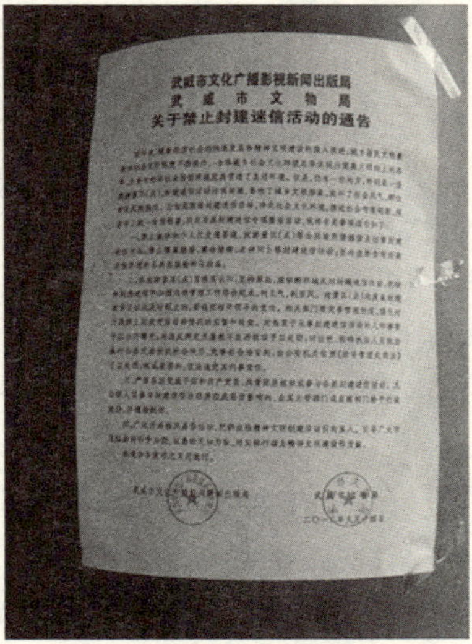

图 8－14　甘肃武威市文庙内张贴的禁止封建迷信活动通告

“人是一根脆弱的芦苇”，“人的全部尊严就在于思想”，[①] 人的精神家园需要一种信仰来填补[②]。科学并不是一种信仰，科学允许有怀疑，不能迷信，不能轻信，它要解决的是真善美中的“真”，而不能解决“美”和“善”的问题。一个人的信仰就是对世界观的高等认识的精神寄托，是生命对世界的一种感悟。一个人有信仰就代表心底存在希望，因而它能实现人的心灵深处对美的追求、对善的向往、对永恒不灭的企盼和

① ［法］帕斯卡尔著，何兆武译：《帕斯卡尔思想录》，天津：天津人民出版社 2007 年版，转引自：《青年思想家 · 卷首语》（精华本）2000 年第 1 期。

② 周孝正：《在企业家世纪论坛上的发言》，http：//house. focus. cn/msgview/246/11201865. html，2004－04－13。

对灵魂的完美归宿的憧憬。失去了传统和信仰，情感就会被外来说教所误导，民族认同会因此而溃散，良知会迷失而堕入歧途，产生反社会、反人性的人格。这种状况不利于和谐社会的构建，不利于国家的长治久安和持续繁荣。① 不可否认，中国民间信仰在其历史的沉积中包含诸多的负向功能，与封建迷信难分难解，装神弄鬼、敛财骗色，乃至伤人害命，不仅伤害了信众的情感和切身利益，也造成相当恶劣的社会影响。因而，在我国民间信仰走向复苏的进程中，如何在承认民间信仰的合法地位，保护信众进行规范有序信仰活动及其合法权益的同时，推动民间信仰与时俱进，积极发挥其正向功能，抑制其负向功能，兴利除弊，这实际上就是要求我们以积极“扬弃”的姿态，重构民间信仰系统。具体的社会控制策略，要求我们放弃对民间信仰不必要的歧视和不公正待遇，给予民间信仰应有的地位，使之获得与其他宗教信仰相适应的发展空间，让民间信仰成为中华民族的日常信仰，让儒、释、道成为中国信仰的主流，使中国人的信仰空间仍然保留着传统的文化精神。

（三）完善科学的引导机制，创新民间信仰管理模式

社会主义和谐文化应当是在马克思主义一元指导下，多元共存、相互尊重、兼容并包、相互交流和协调发展的文化形态。民间信仰是中国传统文化的一部分，应当也是我们建设民族道德信仰体系的精神内涵之一。因而，我们要大力弘扬民间信仰中蕴含的优秀民族传统文化，对其加强引导，将其纳入政府管理视野，规范民间信仰活动。综合专家学者的研究成果和民间实践经验，各级政府和相关部门在完善科学的引导机制上，首先要把握好社会主义主

---

① 屈迪、崇山：《浅析民间信仰在抵御境外宗教势力渗透中的作用》，《内蒙古统战理论研究》2006 年第 4 期，第 24 ~27 页。

流文化和民族文化多样性的关系，坚持以主流文化为主导，积极倡导多元文化的融合，建立民间信仰文化与社会主义主流意识形态协调运转的机制；其次要坚持分类指导和属地管理原则，建立民间信仰社会功能的合理利用和转换机制，以及民间信仰文化价值的合理保护与开发机制；再次还要坚持依法治理与积极引导并重的原则，建立民间信仰活动与社会行为的规范机制，以及权责明晰、运行协调的管理组织，明确民间信仰活动的管理目标和原则，协助民间信仰活动场所建章立制，规范管理，使其依照社会主义和谐文化建设的战略目标与时俱进。

图 8－15 《创建和谐寺观教堂资料汇编》

（近些年来，在宗教部门的指导下，各地广泛开展了和谐寺观教堂活动，制定出台了一系列的政策制度和指导意见，对促进民间信仰工作有积极意义。）

在我国，民间信仰多寓于中国乡村社会的生活方式和民俗习惯中。在历史上，民间信仰通过其场所和活动，有效地推动了农村社区自我组织的形成和自我管理的完善，成为凝聚中国乡土社会族群向心力的精神家园，也成为维系乡村秩序的纽带和开展社区活动的中心。[①] 在我国，民间信仰信众多、崇拜的神祇多、活动场所多，社会管理的工作难度相当大。实践也表明，那些运行较好并得到信众和社会各界普遍认可的民间信仰场所，都在管理模式上不断创新，实现了一套科学管理的新模式。

---

① 金泽：《能否和谐发展：民间信仰面临的挑战与选择》，《福建省社会主义学院学报》2006 年第 1 期，第 38 ~ 42 页。

第九章　村庙组织成长与农村社区治理[①]

自古以来，几乎每个村落都至少有一座属于自己的村庙[②]，并有经常性的信仰活动。村庙信仰活动，特别是集体性的仪式活动有赖于村庙组织的积极参与和协调推动。新中国成立之后，村庙作为民间传统延续的“遗产”，依然得到了乡民的维护。然而，伴随着急剧的社会变迁和动荡，当代中国村庙信仰及其组织也历经了衰落—复苏—复兴的过程。

在当下的传统农村社区中，村庙组织已成为重要的草根组织之一，推动着村庙及其信仰活动逐渐由复苏走向复兴，并使得民间信仰活动场所的管理有了初步的“方圆”与“规矩”。然而，庙宇的滥建、封建迷信活动的抬头、村庙的财务不清，以及据庙敛财等现象的频现与此也不无关联。着眼于现实语境，首先需要重新认识村庙组织的成长社会背景和发育的社会形势，进一步厘清村庙组织的成长现实意义，然后在农村社区治理的层面上逐一突破，积极发挥村庙组织的治理功能。

---

① 此文原刊载于《甘肃社会科学》2012 年第 5 期。

② 村庙是古代村社庙宇制度演化的产物。明清时期，汉民族居住区中村村皆有庙，在南方地区就有“无庙不成村”之说，特别是在人口较多的村落，往往还不止一座庙。但并不是所有的庙都可以被称为村庙。村庙一般应同时具备以下条件：第一，有一定建筑面积的公共信仰场所；第二，场所内供奉的神明是社区神；第三，在社区中有相对固定的信仰人群；第四，每年有围绕庙内诸神所开展的集体性活动，如设法会（道场）、酬神演戏、聚餐、游神巡境、割火等；第五，场所内有当地居民自发成立的管理组织。参见甘满堂：《村庙与社区公共生活》，北京：社会科学文献出版社 2007 年版，第 6 ~ 7 页。

一、村庙组织及其治理结构的变迁

图 9－1　嘉兴王江泾镇刘王庙会上的香会组织——南六房

以村庙信仰为主体的民间信仰文化是属于草根文化形态的事物，它生于民间，长于民间，充满浓重的乡土气息，蕴含着丰富的生活共识，不仅规定着广大乡村民众的生活理念，也塑造了民众的精神品格。由于村庙信仰的非正统性、非宗教性及欠合法性，其信仰活动的开展无法依附于政府的力量或主流、精英阶层的支持，需要广大民众自下而上发起，村落社区中较有威望的人士及虔诚信众自然成为其中的重要力量，服务于村庙建设和组织村庙信仰活动，并逐渐形成相对稳定的群体——村庙组织。这一群体相对自治，不受正式组织的行政部门和管理层次等的限制，其结构处于一种难以界定的边缘状态，但在其内部存在一些特定的关系结构，并自然涌现出自己的“领导者”，形成一些不成文的行为准则和规范，甚至在一定程度上掌控着村庙这一民间信仰活动主阵地。

新中国成立前，村庙控制权多掌握在宗族长手中。村庙的组织和治理形式主要可概括为三类：一是跨宗族、跨村落而建的村庙，通常由各村或族分别推举理事共同组成理事会，对共同祀奉的社稷神灵定期组织开展祭祀活动，并共同管理和定期公布村庙账目；二是村落、宗族的庙宇通常由大姓族长掌控和管理，或以姓氏和房派人丁情况选派理事组成理事会，设总理事和管账各一人，定期举行醮会；三是依附村庙，或纯粹出于敬神，或出于乐善好施，或为振兴实学和奖掖后人而组建各类神明会组织，其活动由成员轮流当头家负责操办。这些组织多以自愿为原则，与村落中的宗族组织既相互联系，又有所区别，客观上促进了乡村民间信仰活动的开展，同时也具有协调村落事务的功能，成为乡村社区组织的一种重要补充形式。①

图 9－2　刘王庙会上的香会组织——苏州北大社，主要成员为当地的渔民

新中国成立至改革开放前，上述村庙信仰组织几乎不复存在。改革开放后，围绕着村届的建设、日常信仰活动的开展，由农村社区居民所组成的村庙管理组织、祭祀组织等应运重生。与过去传统时期相比，当代中国村庙组织有了诸多变化。

一是组建专门管理组织——村庙理事会成为主导趋势。据笔者对浙中、浙南两地的调查，凡有历史传承跨村而建或信众来源跨村域的村庙大多采用了理事会或管理委员会的形式来管理。理事多由庙宇所在地邻近村落中热心于村庙事务且有一定威望的老年村民组成，也有当地退休干部、教师等参与。理事多以自荐或原理事会成员推荐的方式产生，多则二三十人，少则四五人。理事会内部设有总理事、常务理事及理事等，常务理事中又有会计、出纳、保管、

① 刘大可：《传统与变迁：福建民众的信仰世界》，北京：社会科学文献出版社 2011 年版，第 68～71 页。

饮食等分工。总理事人选通常由原任提名，理事会通过产生。理事会采取民主管理方式，大多制定了较规范的管理制度和财务制度，村庙收支及时公开，接受信众监督。理事会成员原则上不领取报酬，多为自愿行为。① 如浙南查田镇的植碧殿，影响方圆数十里，日常香火鼎盛，村庙理事会由周边村落中有号召力的虔诚信众二十余人组成，常务理事中有一名当地退休的小学教师，有一名村里退下来的老支书，已形成较规范的运作方式。比如，殿里的“功德箱”开启要有理事三人以上在场，并做到日清月结；来往票据要有三人以上签字才可入账；每年要接受镇审计所的审计，审计结果及时公布；还制定了村庙夜间巡逻值班等制度。刘大可先生通过对福建地区民间信仰组织的考察，也认为，村庙理事会管理形式及相关管理制度的形成与运作使村庙的管理有了初步的“规矩”和“方圆”。②

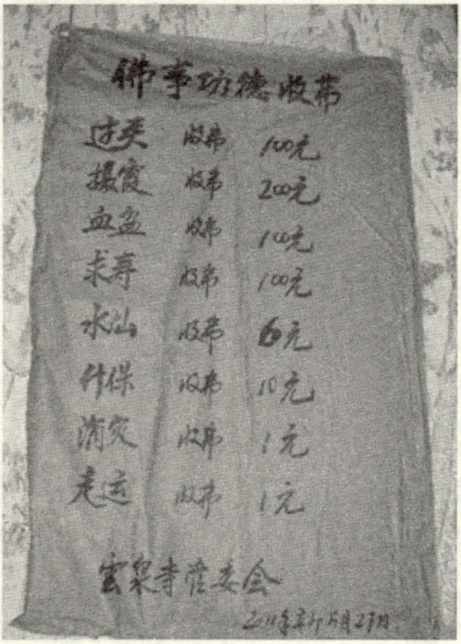

图 9-3 “佛事功德收费”清单

（浙江庆元县举水乡月山村村庙——云泉寺在村口村务公开栏上张贴的“佛事功德收费”清单。）

---

① 据笔者调查，多数村庙建立了轮流值守制度，值守人员通常从常务理事中产生，以自愿为原则，由五六人组成，每月每人值守五六次，每次可领取二三十元的补贴。

② 参见刘大可：《传统与变迁：福建民众的信仰世界》，北京：社会科学文献出版社 2011 年版，第 72 页。

二是村庄老年人协会管理村庙事务成为一大特色。农村老年人协会是农村老年人自我服务、自我教育、自我管理、自我维权的群众组织，是党和政府团结、联系老年人的桥梁和纽带。[①] 据笔者在浙中、浙南乡村的调查，农村老年人协会在维护农村社区稳定和加强农村社区管理中具有积极作用，而且其职能和影响还在不断扩大。具体表现为，在多数农村，老年人协会已不仅仅是老年群众自办自治的互助组织，大多还兼管村里的其他事务，其中管理村庙事务已成为不少农村老年人协会日常的主要工作。在有些村庙规模较大的农村，虽也组建了村庙管理委员会或村庙理事会，但其组成人员多与村老年人协会重叠，其实就是“一套人马，两块牌子”，账目自然也不作区分，一并处理。浙江省自 1982 年在著名侨乡青田县温溪镇成立了第一个农村老年人协会以来，目前几乎村村都有老年人协会。但我们注意到，多数村落的村庙便是各村的老年人协会举办活动的场所，也是社区活动中心，日常老人们以及不少闲暇的村民在此看报、聊天或看电视、打牌、下棋等，呈现一片欢腾景象。显然，为村民维护和管

图 9－4　江南网船会社团名单

（“江南网船会”每年都吸引有内外 100 多个社团组织、10 多万民众驾船前来赶社会。其中已登记备案的香会组织有 120 多个，覆盖浙江、江苏、上海等地。）

① 雷启刚：《农村基层老年人协会情况的调查报告》，http：//xxgk. yn. gov. cn/canton_ model1/newsview. aspx？ id＝283676。

理好村庙也就顺理成章地成为老年人协会的职责。更为重要的是，由于村老年人协会的“合法性”，使得原村庙管委会（或理事会）的“欠合法性”在一定程度上得以遮掩，村庙信仰活动当然也就可以借老年人协会的合法化外衣热热闹闹地举办。同时，村庙信仰也为老年人协会在村落中的生存与发展提供了必要的资金及各种社会网络资源的支持，特别是通过组织和推动村庙信仰仪式活动的隆重举办，极大地提升了其在村落社区中的地位和威望。

三是出现了个人承包经营等村庙管理的新形式。在当下，承包寺庙已成为一些旅游景区真实的现象。由出资人与寺庙管理者——政府职能部门或村委会签订合同后，前者拥有规定期限内的寺庙管理经营权，并向后者交纳一定的承包费用，再通过香火等收入赚取利润。[①] 这种由个人承包管理庙宇的形式在时下的乡村庙宇管理中也时有出现，主要发生在原本由村老年人协会管理的庙宇，由老年人协会出面将管理权和经营权转让给个人。个别信众或信仰虔诚，或看好村庙的发展趋势，个人出资维护和建设村庙，实行个人管理，平时经营香火生意，接待信众烧香叩拜，每年组织一次群体性信仰仪式活动，有的还会精心策划“头炷香”拍卖活动，收入上不封顶，下不保底，自负盈亏。此外，笔者在调查中还发现，在有些经济条件较好的农村，村庙还采取会首[②]轮流管理的形式。由于准会首们的积极性很高，为体现公平，通常由老年人协会确定一定标准并主持筛选后，轮流“当家”或采取抓阄形式确定。会首们为了展现自己的能力和赢得信众的认可，往往会把

---

① 刘子倩：《寺庙乱收费后被承包的“信仰”》，http：//finance. sdchina. com/show/2162755_ 3. html。

② 指村落中热心村庙事务、在信众中有较高威望，家庭条件又较好的有能力组织群体性村庙信仰活动的村民，凡轮到其主持村庙活动时，即称会首。

村庙祭拜活动搞得热热闹闹，一次比一次隆重。其实，会首们热衷于主持村庙信仰仪式活动，既有对村庙神灵的敬畏，更有展示自己实力和提升自身乃至家族在乡村社会中的影响力的意味。

二、现实语境下村庙组织成长的意义考察

传统的农村社区由于长期共同生活而形成具有共同文化理念的共同体，文化传统在其中处于主导和核心地位。[①]村庙组织作为传统村落中信仰文化的承载者，也是村落的文化共同体，在聚合信众利益、反映信众诉求，以及降低农村社区治理中的人际消耗、缓释社会冲突等方面具有独特的作用。

（一）孕育村落公共意识，促进农村社会整合

社区公共意识是社会群体及个人对“社区”这一与人们生活关系日益密切的事物在心理上的自觉感受与认同。[②]长期栖居于农村社区中的人们具有村落公共意识，并经常参加群体性活动，有利于促进共同的社会心理和社会认同感的形成，也是增强村落集体凝聚力和农村社会整合的重要支撑。

“原子化”、“善分不善合”、“散漫”、“缺乏平等协商的精神与能力”等，这些都是人们对中国农民分散状态的形象化描述。马克思也曾把中国农民群体比喻为“麻袋中的一个个马铃薯”，“他们以自我为中心，以熟人社会为半

---

① 何平：《构建农村社区建设与民间组织发展的联动机制》，《福州党校学报》2011 年第 4 期。

② 刘厚金：《社区公共意识的培育及路径选择——以上海某社区为例》，《理论探索》2007 年第 1 期。

径，以血缘、地缘关系为经纬而形成差序格局”①。开启于20世纪80年代的农村家庭联产承包责任制改革和之后市场经济体制的确立，使家庭再次成为农村社区社会经济生活的基本单位，村落社区群体一致行动的基础进一步削弱，村民们热衷于单干，以“己”为中心，原子化特征日渐凸显，乡民之间的合作意识再趋淡化，合作行动困难。增强村落凝聚力，孕育村落社区团结协作精神其实已成为现时代农村社会建设的重要任务。站在社会异质性、开放社区的角度思考社区凝聚力、社区团结问题，应该从提高居民素质及道德入手，从科学、文明、公益、进步的角度去建设社区。②

图9－5 嘉兴刘王庙内公布的2012年、2013年信众捐功德款情况

（公布的捐赠者捐助金额在500～20 000元不等。）

村庙组织及其信仰活动，超越了宗族和血缘纽带，连接着农村社区中的广大民众，具有其他农村民间组织的一般性特征及互助合作性质，参与到组织中的人以自己的志愿意志奉献和服务民众。同时，它又具有宗教组织的传统

① 转引自郭丹：《农村社会管理创新必须改变农民原子化状态》，中国乡村发现，http：//www. zgxcfx. com/Article_ Show. asp？ArticleID＝39277，2011－07－07。

② 王思斌：《社区公民道德建设与社区建设》，http：//www. bjpopss. gov. cn/bjpopss/xzlt/ xzlt20031120a. htm. zh，2005－07－22。

功能，比如，通过神圣的信仰仪式，整合村落成员，正如社会学家爱弥尔·涂尔干所说的：“宗教仪式是社会团结的表现，它主要通过宗教组织对其他成员情感的强调来‘重塑’社会或社会秩序。”[①] 再如，通过传播神话故事和神灵的理想人格，强化社区的价值规范和道德观念，促进社区合作，帮贫济困；而且通过不同阶层信众的共同信仰行为的沟通还有利于解决一些村落中的不公平现象，在一定程度上削弱了社会排斥。通过对浙南地区部分村庙组织的考察发现，传统村落中的村庙组织在村庄公共设施建设、家家户户的大事小事，特别是红白喜事方面体现出了较强的号召力和动员力。此外，据康超等对四川 A 县村庄的调查，当下民间信仰组织还具有传统宗教组织没有的功能，比如政府行为权威化和合法化功能、文物遗产保护功能等。[②] 这些，对于增强村民的责任意识和团结协作意识，滋养村落社区公共精神，整合村落居民力量，无疑具有一定的促进作用。

图 9－6　浙江云和城郊某村庙为乐助建殿、塑佛、修路者立碑

（二）完善社会安全阀机制，缓和农村社区冲突

“社会安全阀”是指各个社会都存在着这样一类制度或习俗：它作为解决社会冲突的手段，能为社会或群体的成

---

① 转引自康超、孟平：《农村宗教组织的变迁与乡村社会整合——以四川省 Z 县的一个村庄为例》，《牡丹江大学学报》2011 年第 3 期。

② 转引自康超、孟平：《农村宗教组织的变迁与乡村社会整合——以四川省 Z 县的一个村庄为例》，《牡丹江大学学报》2011 年第 3 期。

员提供某些正当渠道，将平时蓄积的敌对、不满情绪及个人间的怨恨予以宣泄和消除，从而在维护社会和群体的生存、维持既定的社会关系中，发挥“安全阀”般的功能。①长期的城乡二元结构使中国的城市与乡村差距明显，在政治、经济、文化等方面的利益需求上，乡村中的农民较城市的居民更难以实现满足，容易产生不平衡感和挫败感。市场经济条件下，村庄内部也出现了明显的经济社会分层，农民阶层的分化使农村内部利益格局呈现出了利益主体多元化趋势，容易产生利益冲突，以至于影响农村社会和谐稳定。

图 9－7　庙会上开心的民众

当前，生活在传统农村社区的村民面临的矛盾冲突和诸多难以解决的现实困难，并不是单凭国家权力的力量就可以化解的，迫切需要多种社会支持机制。“民间组织的行为很大程度上是公民意志的代表，它们能够通过特殊渠道在一定程度上释放社会关系中积累起来的紧张和敌对情绪。”② 村庙组织基本上每年至少要组织村民举行一次集体性的信仰仪式活动。在村民们看来，参与村庙组织的信仰活动是他们诉求于私人渠道解决现实危机的重要经验性途径。他们希望通过人神沟通和交往实现自己各种各样的需求，将世俗性的生活利益托付于超自然的仪式行为上，

① 张伟豪：《社会安全阀制度与信访问题处理机制探析》，《领导科学》2011 年第 6 期。

② 万江红、张小玉：《我国民间组织在建构和谐社会中的社会功能探析》，《长沙民政职业技术学院学报》2006 年第 1 期。

如果不组织群体性村庙信仰仪式活动，他们就会觉得很不踏实。或者说，村庙组织开展的群体性信仰仪式活动有助于村民克服日常生活中产生的种种难以解决的问题，缓解可能产生的矛盾冲突和心理焦虑。法国学者阿诺德·范·盖内普在其著作《过渡仪式》中提出的“通过仪式”或称“生命仪式”也对这种现象有较好的概括。[①] 笔者主持的课题组在去年作过的一份调查表明，农村老年人协会（如前文所述，多与村庙管理委员会合一）在调解家庭矛盾和邻里纠纷等乡村社会的各种冲突中作出了巨大的努力，甚至具有不可替代的作用。如，调查问卷中问及“您和乡邻闹矛盾了通常找谁解决”，有 45% 的人表示找村里解决，有 20% 的人表示自己想办法解决，有 10% 的人不愿意透露这一项信息，而有 25% 的人表示会找老年人协会或村庙负责人倾诉并寻求帮助解决。事实表明，通过以农村老年人协会或村庙组织为主要渠道的农村社区网络来调解乡村社会矛盾，不仅能有效地消解纠纷，且消耗成本最低，而且对乡土村落熟人社会人际关系的影响也是最小的。[②] 基于这样的分析，我们可以认为村庙组织这一广泛存在于中国传统村落的草根性民间组织，在乡村社会利益调节、农民阶层内部矛盾疏导、减缓矛盾冲击、促进社会交往，乃至增加社会福利、维护社会公平正义等方面充当了农村社会的“安全阀”。

（三）促进农村社区群体信任，延承传统村落质朴民风

“信任是为了简化人与人之间的合作关系。”它是传统农村社区中重要的社会资源。没有信任，乡民之间的关系

① 参见甘满堂：《村庙与社区公共生活》，北京：社会科学文献出版社 2007 年版，第 209 页。

② 参见罗满妹：《农村民间组织的社区整合功能——基于国家与社会的关系视阈》，《湖南农业大学学报》（社会科学版）2008 年第 2 期。

就会逐渐疏离和淡漠，农村社会控制权就可能落入“恶人”之手，最终导致村落消散；有了信任，就会在村落社区中形成相互信赖并敢于托付的质朴情感，建立融洽和谐的乡村秩序。据保罗·F. 怀特利构造的社会资本起源模型，人们的生活满意度、道德水平、爱国水平，以及志愿性活动水平等是与信任密切相关的四个重要因素。[①] 当下农村，面对社会转型和市场经济的汹涌大潮，原来似已固化于传统村落的价值体系、道德观念和生活方式、行为规范等都受到巨大的冲击，并在现实社会的潜移默化中发生着显著的变化，呈现出了价值多元化、盲从化和混沌化的状态，同时，也危及农村社区群体信任的道德价值基础。

村庙组织对村落社区民众本身没有道德约束力，也不承担乡民教化的责任，它主要是为信众做好村庙神灵信仰服务活动。然而，村庙组织通过其网络式的组织体系将民间信仰的神圣性、无歧视性，以及组织自身的志愿原则、利众原则推向社会，这可以使人们在有意无意间感受团结协作、乐善好施、扶贫帮困、诚信友爱、慈悲救世等传统道德之美，进而传承乡村社会优良风尚，巩固农村社区群体信任基础。长期以来，广大村庙组织积极参与赈灾救灾和支援活动，并号召信众参与社会助老助学，支持社会建设。据笔者对浙南三将军庙、植碧殿

图 9-8　四里八乡赶庙会的虔诚信众

① 参见罗满妹：《农村民间组织的社区整合功能——基于国家与社会的关系视阈》，《湖南农业大学学报》（社会科学版）2008 年第 2 期。

等在当地较有影响的村庙组织的考察，2003 年以来，庙宇善款收入中每年都有 5% ~10% 用于赈灾济贫或乡村社会公益支出。其实，这也是一种对分散的社会群体的利益聚合，有利于农村社会中分化了的阶层的横向互动，这种横向互动对于密切社会关系、促进社会信任与合作有积极意义。

其实，村庙组织开展的村庙信仰活动一直都是中国传统社会中实施教化的重要方式。如对社区神灵的神圣性塑造对于人们的行为具有一种潜在的威慑力和约束力；对神灵仁孝忠勇精神的传播，表达邪不压正、善恶有报、因果报应和爱国爱民思想，以寓教于乐的形式延承质朴民风；村庙中的签诗也以规劝人们稳中求财、积德行善为主，具有朴素的教化功能。从这个意义上说，村庙组织及其信仰活动还是地方道德建设和秩序建构中的一笔不可忽视的文化遗产。①

当然，对于传统农村社区村庙组织的成长及以村庙为中心的信仰活动的日益活跃，我们在感受到其给村落生活带来积极效应之时，也不能忽视其存在和壮大对村庄治理可能和正在产生的负面影响。

一是村庙组织往往会过于夸大对祭拜神灵功效的宣传，把信仰村庙神灵当成解决村庄治理问题和村民现实困难的必要选择。更有少数党员也乐于参与其中，这对于党的理论政策宣传和科技知识传播必然产生障碍，也会对农村基层组织的作用发挥和自身的思想稳定产生消极影响。

二是村庙组织对农村社区治理的非制度化参与，对传统村落社区稳定构成威胁。村庄治理应该是各种权力或影响力在村庄内部交互作用的过程，尤其是在村民自治的背景下，客观存在应该为各种力量参与村庄事务提供便利而

① 参见甘满堂：《村庙与社区公共生活》，北京：社会科学文献出版社 2007 年版，第 214 ~217 页。

图 9-9　刘王庙诵经房里张挂着记录信众向神灵许愿和还愿情况的大红纸

广阔的渠道，但这种参与应该是有序化的制度性参与。[①] 随着村庙信仰的日益活跃，村庙组织的活动范围和影响力日益扩大，势必会对村级正式组织的权威构成挑战，动摇村庄治理的现有秩序。当下，在一些村庙组织势力强大的农村，“村民参与村庙活动的热情比参与村民会议还要积极”，甚至“冲击了农村基层组织对农村社会事务的管理”[②]。庙宇的滥建、迷信活动的抬头、村庙的财务不清，以及据庙敛财等现象的层出不穷既直接增加了群众负担，也可能导致村庄治理陷于无序之中，给社会秩序和社会安全带来不小的危害。

三、村庙组织生长与农村社区内源式发展的路径选择

农村社区是指一定范围区域内的，农民共同生活、学习、工作和栖息的一个有秩序的空间群落，是由有共同地缘的农村文化、习俗、信仰、价值观念、消费习惯、基本生活设施、经济社会生活所构成的地域空间。[③]“合群而居”

---

① 罗兴佐：《论民间组织在村庄治理中的参与及后果——对浙江省先锋村村治过程的初步分析》，《中国农村观察》2003 年第 5 期。

② 赵琼：《宗教势力的发展对农村基层组织的影响及对策》，《科学与无神论》2006 年第 5 期。

③ 徐云池：《农村社区组织行为研究》，《中国统计》1999 年第 7 期。

的村民们共同利益的维护与共同习惯的坚守，需要以共同秩序的构建、互助合作的开展来提升村落社区的凝聚力和归属感，而这其实需要政府、社会、社区、村民各方面力量的互动，地理、经济、政治、文化等多种因素的整合，以及村民相互之间关系的协调和多样化需求的不断实现。

（一）以融合创新重构农村社会资本

图9－10　马仙故里

（传说马氏天仙祖殿在景宁县鸬鹚乡，此处虽偏远，交通不便，但浙闽一带来此祭拜马仙的信众非常多，鸬鹚乡的马天仙殿影响也越来越广，“马仙故里”也就成了当地对外传播的主打品牌。）

目前，农村基层组织在组织发动农民和整合村落资源，促进农村社区发展方面任务繁重，加之受到组织自身力量不足、财力物力匮乏等多重因素限制，更显得困难重重。因此，应当重视对包括村庙组织在内的农村社区内生性民间非正式组织的培育和扶持，努力发挥其特有的组织优势和资源优势，并使之成为农村社区建设的新载体，以节约农村社区治理的成本，提高农村社区自我管理、自我教育和自我服务功能。村庙组织及其信仰活动作为中国乡村的传统社会资本，它通常是由以初级关系为基础的社会网络组建的，其中内含着丰富的传统乡村社区治理的非正式制度，体现着过去有利于促进农村社区秩序建构的各种办法，包括习俗、惯例、内化规则和正式化内在规则。① 其实，广泛存在于传统农村社区中的村庙组织、宗族祭祀组织等以地缘、业缘、血缘为基础的民间信仰组织属于低信任度的农村社会资本。一般来说，它反映在地缘、血缘关系范围内信任程度会高一些，而在范围之外信任度则会比较低，甚至会体现出一定的排斥性。显然，这种低信任的农村社会资本与现代社会的开放性、多元性特征是不相适应的。然而，传统农村社会和文化制度的惰性，又必然导致这种较低的社会信任状态还会在传统农村社区中持续存在较长的时间。因此，努力挖掘和发挥好村庙组织这一传统社会资本的潜力实际上已成为当下促进农村社区建设的必然选择。一方面，村庙组织在成长壮大的同时，必须努力寻求建立服务村落社区建设的联动机制，以彰显自身优势和服务效能；另一方面，农村社区也要为村庙组织成长创设良好的社会空间和制度环境，促进村庙组织规范、健康、有序发展，以其志愿精神和组织优势协调农民利益诉求，从

---

① 参见王浩林：《民间组织参与农村公共服务供给研究：一个社会资本的视角》，《特区经济》2012 年第 3 期。

而有效整合农村社区传统资源，完善农村社区服务功能，增强农村社区的自治能力。

（二）以合作互补改善村庙组织境遇

村庙组织等农村社区草根组织是介于农村基层组织和市场之间的第三种力量，它与政府主导的农村基层组织之间的关系主要有三种：一是合作互补的关系，二是对抗的关系，三是制衡的关系。① 长期以来，我国政府对民间非正式组织的态度多是建立在“不信任”、“不成熟”的基础上进而采取典型的预防控制方式来严格管理、限制发展的。事实上，这与当下社会建设和农村社区管理创新的要求是不相适应的。如前文所述，村庙组织在农村社区建设中有其积极意义，在一定程度上弥补了农村基层组织和市场调节的缺陷，是乡村治理中不可忽视的社会力量。在传统的农村社区治理模式影响下，农村基层组织往往以其强势地位和组织权威对村庙组织的生长空间进行挤压，对其活动进行限制和干预，这显然不利于村庙组织作用的发挥，也遏制了村庙组织与农村社区建设互

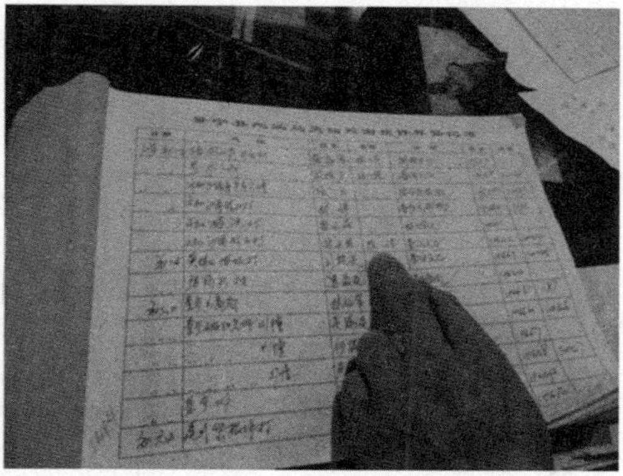

图 9－11　记录信众捐助功德款的账本

（笔者在调查访谈时，鸬鹚马天仙殿里的财务人员介绍当天收到功德款的情况。）

① 周彩姣：《论民间组织与农村村民自治的发展》，《湖北社会科学》2009 年第 7 期。

动机制的形成。为此，应当解放思想，转变观念，逐步形成农村基层组织和村庙组织合作互补的关系。一是村党支部和村委会作为村级组织的主导力量，要更新理念，并树立起与村庙组织平等合作、共同发展的理念，在此基础上，创造适合村庙组织有序发展的环境，扶持村庙组织健康发展。二是摒弃农村基层组织与村庙组织间管理与被管理、依附与被依附的关系，形成农村基层组织与村庙组织间指导与被指导的关系。农村基层组织要加强对村庙组织的政策引导，而不是管制，要在合作互补的基础上促进其正向功能的发挥，共同为治理和服务农村社区凝聚力量。

（三）以健全法制规范村庙组织行为

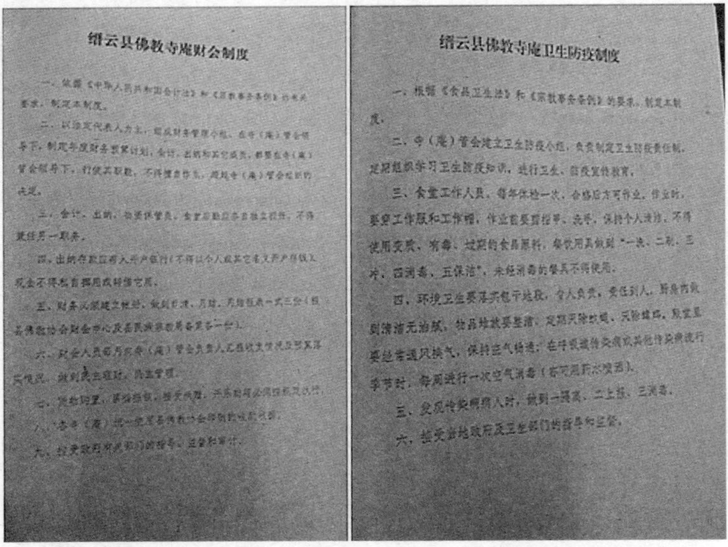

缙云县佛教寺庵财会制度

缙云县佛教寺庵卫生防疫制度

图 9－12　庙庵财会制度、卫生防疫制度等

（各地村庙在实践中逐步探索建立了财务、卫生、消防、值班等各项制度以及年度财务委托审计制度等，管理逐步趋于规范。）

我国政府出于对社会控制和资源依赖的需要，一方面对民间组织采取双重管理体制，组织先要获得业务主管部门的同意，然后再到民政部门去登记；另一方面将政府资源，特别是行政资源与民间组织相结合，出现了所谓的“官办”民间组织。[①] 在这种民间组织管理体制下，包括村庙组织在内的大量的农村草根组织被拒之于门外，处于“非法”或“欠合法”状态。同时，不求有功但求无过的思想认识也使政府部门对这类组织的管理体现出消极意识，以为只要守住不出事故这条底线就万事大吉。事实上，这类组织长期游离于政策边缘，对其管理基本上处于真空[②]状态。特别是村庙组织的“宗教性”色彩，更使管理部门对其敏感性与日俱增，或严加防范、严格控制，或视而不见、放任自流，这无疑增添了村庙组织存在的风险。建立健全相关法律法规，加强政策引导，规范村庙组织行为其实已成为村庙组织健康有序发展的必由之路。从村庙组织作为农村非正式民间组织的角度看，国家需要加快制定《民间组织法》、《社团法》、《结社法》等相关法律法规，从法律上规范民间组织的性质、地位、职能、权利和义务、设立条件、审批程度、运行机制等，并对民间组织的合法行为和违法违纪行为作出法律界定及惩戒安排。从村庙组织的宗教性角度来看，国家应“加快宗教立法”。自中共中央和国务院下发《关于进一步做好宗教工作若干问题的通知》（简称1991年6号文件）以来，国务院和一些省市自治区相继颁布了一系列有关宗教问题的行政法规、部门规章及地方性法规和规章，但还不能适应处理现实生活中涉及宗教方面的各种复杂问题的需要，特别表现在对于中国广大乡村民众的本土信仰——村庙信仰的归属与管理问题等没

---

① 参见王浩林：《民间组织参与农村公共服务供给研究：一个社会资本的视角》，《特区经济》2012年第3期。

② 参见周彩姣：《论民间组织与农村村民自治的发展》，《湖北社会科学》2009年第7期。

有明确。从立法的角度来说，也缺乏一部较为系统的宗教基本法。我们认为，着眼中国民众的信仰特征、着眼宗教生态平衡与宗教和谐，作为非制度化宗教的以村庙为中心的民间信仰也应属于宗教的范畴，是属于政府认可的五大宗教之外的信仰体系，国家应在总结经验的基础上，尽快出台《宗教法》，对宗教信仰（包括村庙信仰）的合法性、长期性，村庙组织的设置、权利和义务、慈善、医疗、税收以及与其他事业的关系等进行明确规定，使村庙组织和其他宗教组织一样有章可循、有法可依。

第五编

宗教生态和谐与民间信仰生态化

第十章　民间信仰文化生态系统的当代建构[①]

民间信仰是我国传统文化、民俗文化、宗教文化的重要构成，自古以来，它就普遍存在于社会生活的各个方面，并在社会发展进程中起到了组织社会成员、调适个人心理、整合社会秩序等诸多方面的积极作用。然而，由于民间信仰的草根属性和“小传统”特点，以及我国民间信仰活动管理政策、法规依据不足等，一直以来，民间信仰都未能得到主流社会和精英阶层的接纳，长期处于“欠合法”的状态，游离于国家政策边缘，命运多舛。

近代以来，面对“现代性”和制度力量的猛烈冲击，民间信仰几无应对之力，面临毁灭境地。近 30 年来，随着解放思想的深入和开明开放意识的形成，国家宗教信仰自由政策得以重新确立并日臻完善，以民间信仰为代表的传统民俗文化重新回归民众生活，民间信仰习俗及其文化意义也逐步得到主流社会的关注和重视。在日益激烈的国际文化竞争中，社会应客观对待民间信仰的文化意义，并在对现代性问题给予恰当应对的过程中重构民间信仰文化生态系统，使之在增强中华文化影响力上实现应有价值。

一、传统民间信仰文化生态依然面临被解构的威胁

自主开放和信仰多元是现代社会的一个重要特征。在此背景下，有利于我国传统民间信仰文化与其他宗教、非

---

① 据《中国民间信仰发展面临的挑战与选择》（原文刊于《中国民族报》2011 年 8 月 9 日）和《论民间信仰文化生态系统的当代建构》（原文刊发于《浙江学刊》2014 年第 3 期）两篇文章修改。

宗教文化的交流和对话，谋求自身与各宗教之间的生态平衡、和谐发展。但在全球文化激烈碰撞、多元交融的过程中，民间信仰也必然会遭遇到十分现实而尖锐的挑战。

（一）基督教的迅速扩张与传统民间信仰依存空间的消解

基督教与中国现实国情相结合可以上溯到16世纪。当时，以利玛窦为代表的传教士本着比附中国传统文化的态度，为天主教披上了儒学的外衣，终使耶稣会在中国得到了初传。鸦片战争后，基督教传教士随坚船利炮来华，并取得了在通商口岸开设教堂的权利。“教案”也成为一个在历史书上频频出现的词汇。“由于近代基督教的传入与帝国主义侵略紧密联系，在相当长时期内，中国老百姓不欢迎基督教。”① 进入20世纪，基督教会逐渐淡化西方色彩，启用中国的神职人员。新中国成立初期，中国基督教界开展

图10－1　佛教圣地普陀山所在地——舟山市市郊的一座新建的天主堂

① 《基督教中国农村大跃进》，http：//blog. sina. com. cn/s/blog_45b2789f010005h8. html，2006－08－19。

了“三自”爱国运动，[①] 外国传教士相继撤走，基督教成了中国人自己办的宗教。20 世纪 80 年代以来，国家在宗教管理方面采取了较为开放的姿态，这也为基督教在中国乡村的快速传播提供了契机。据官方统计资料显示，新中国成立至今，中国内地基督教信众增长了 20 多倍，已达到 2 300 多万。更有学者认为，还有大量分布于广大乡村和学校的基督教信徒未经登记，实际信众应将官方数字扩大 2 ~5 倍，其中分布于各地农村的可能占到了 70% 左右。[②]还有调查表明：“基督教在我国北方农村和沿海地区获得了一教独大、具有唯一合法性的地位，其他信仰形式不断退缩。”[③]

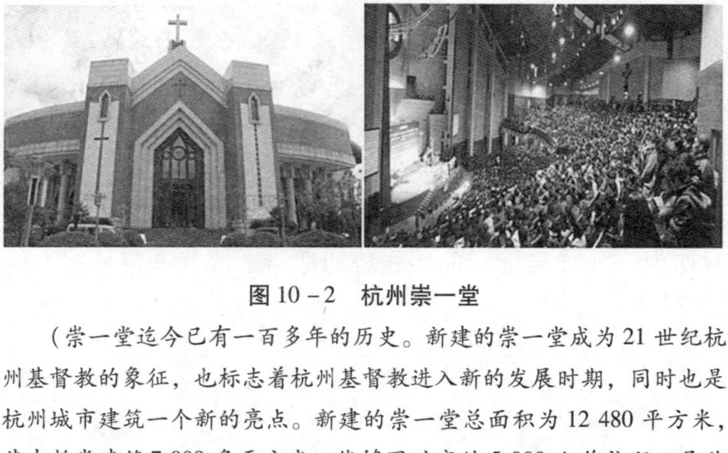

图 10 - 2　杭州崇一堂

（崇一堂迄今已有一百多年的历史。新建的崇一堂成为 21 世纪杭州基督教的象征，也标志着杭州基督教进入新的发展时期，同时也是杭州城市建筑一个新的亮点。新建的崇一堂总面积为 12 480 平方米，其中教堂建筑 7 000 多平方米，能够同时容纳 5 000 人作礼拜，号称全球最大的华人基督教堂。）

---

① 中国基督教徒在新中国成立后，为摆脱教会的半殖民地洋教形象，实现自治、自养、自传，团结全国教徒在爱国主义旗帜之下，积极参加国家建设的爱国爱教运动。

② 刘擎：《基督教的中国步调》，《瞭望东方周刊》，2005 年 1 月18 日。

③ 孙冶方经济科学基金会：《基督教在农村传播的政治社会后果》，http：// www. 21bcr. com/ a/zhuan_ ti/jidujiao/2010/0606/671. html，2010 - 01 - 07。

中国传统文化中早就有基督教的影响。中国传统民间信仰习俗首先被定义为落后、腐朽的“迷信”就与天主教的传播密切相关。近代中国，传统文化普遍受到冷遇，“进步人士”更是以西方宗教标准和西方文明来评判传统信仰习俗，民间信仰一度被看作是愚昧的、落后的，是阻碍中国社会进步和人类发展的根源。这一判断深刻地冲击民众的价值观念，影响久远，直至今日。基督教在传播中不仅否定传统民间信仰的合理性，肢解其文化主体性，甚至直接否认中华文明之存在，以其先进性的面目不断地侵蚀着传统民间信仰的正当性。在基督教这种“国家承认、支持”，又有着先进、强大话语系统的宗教面前，传统信仰显然非常不自信，[①]并由此导致其文化主体性越来越脆弱，进而也影响到人们对自己原本坚守的信仰和文化的不自信，对于自身思维、实践以及一系列的社会变革和政治社会现象无法给予一个符合内在逻辑的解释体系，于是只好寻求外部世界的知识和信仰资源进行阐释。此时，基督教作为一种“先进”的、强势的话语系统就更容易被人们接受。

---

① 孙冶方经济科学基金会：《基督教在农村传播的政治社会后果》，http：//www.21bcr.com/ a/zhuan_ ti/jidujiao/2010/0606/671.html，2010－01－07。

图 10－3　农村教堂和聚会点

（图片来源：图片网）

不可否认，基督教在农村的传播产生了一些正面功能，如为人们提供公共活动的空间，改变人们的某些行为及关系实践，为农村提供一定程度上的道德氛围和纠纷调解的机制等。但我们必须清醒地认识到，“基督教是西方文化形成的基石，一直以来都是西方文化的代表”。尽管其在外在形式上尽量去适应中国文化，然而每一种信仰必有其核心价值，并决定其终极追求。综观基督教在中国乡村、社会的生存百态，它虽给中国农村带来了和谐之音，但面临着重重现实困境，其广泛传播与中国本土文化基质的冲突在现实生活中造成的农村家庭内部关系的紧张和冲突、乡村社会的分层与割裂以及其他可能产生的深刻政治、社会后果是不容忽视的。

（二）乡村新兴精英阶层的操纵及其与传统民间信仰草根性的背离

图 10－4　浙南龙南迎神庙会中用于祭神的整猪

（浙南龙南迎神庙会中用于祭神的祭品已由原先常用的猪头发展成数头整猪。这些整猪多为“村落精英”认捐。）

在当下中国，“富人治村”、“老板治村”已成为乡村治理的一种普遍现象，“富人治村”的恰当性也似已成为经验事实。富人是市场经济竞争的胜出者，经济实力雄厚的“村官”上任后，为村里出钱出力，还为农村未来发展谋划出路，带动村民致富，同时在一定程度上解决了长期困扰农村发展的人才与资金匮乏的问题。我们还注意到，在村庄治理实践中，“富人村官”们往往还会通过推动村庙这一“地域性形象标志”的建设来提升自身在村落中的影响力。[①] 具体表现为，在村庙建设中出谋划策，上下疏通，左右逢

① 参见张祝平：《传统村庙的当代变迁及其实践逻辑——浙南 Z 村马氏天仙殿重建考察》，《中国民族报》，2012 年 5 月 16 日。

图 10－5　浙南某县郑氏家族新修建的宗祠

（修建时资助金额高的家庭可选一块匾挂在祠堂的梁上，匾上刻有该家庭所有成员名字。）

源，带头捐款，以及为群体性民间信仰活动推波助澜等。“富人村官”们的带动和村庄富裕群体的介入，使乡村的民间信仰活动不断呈现出高投入、高消费以及“精品化”的高端态势。近些年来，在东部沿海地区，农村重修重建庙宇、祠堂成风，祭拜仪式活动隆重，花费巨大，这显然与传统民间信仰的底层性和草根性相背离。目前，农村经济持续好转，农民生活显著改善，但贫富差距较大，多数农民生活还不宽裕，滥建扩建村庙、宗祠，经常性的大规模、“高端化”的民间信仰仪式活动等无疑加重了农民的负担。尽管各项活动多是自愿捐助，且农村富人会毫不吝惜地大额捐助，建设和活动经费无须普通村民过多担忧，但调查中，大多数信众认为，“建庙烧香拜佛这些事情理应自己掏钱”，如果不交，万一有不幸降临，就会追悔莫及。且捐助者及金额都要在庙里公布，大家乡里乡亲，没捐或捐少了，面子上也过不去。笔者在参加某村村庙酬神聚餐活动时，发现有部分信众没有参加，当问及原因时，缺席者大多表示“捐的钱少不好意思去”。此外，我们还注意到，“富人村官”都善于钻营，将一些香火旺盛、信众广泛的庙宇开发成旅游景点多是他们精心谋划的结果，“信众进入这些庙宇祭拜需要买票，在庙内购买香烛也比外边要贵许多”①。近些年来，各地庙宇频现高价拍卖“头炷香”现象②，便是村庙经济的极端表现之一。民间信仰的高端化和商业化趋势，在普通信众看来，“像是仅存的心灵休憩空间被少数人垄断了”③，产生了被边缘化、被隔离、被排斥的感觉。这还可能会导致广大乡村民众与民间信仰活动整体之间纽带的削弱与断裂。

（三）新生代群体的“现代性”追求与传统民间信仰吸引力的消解

改革开放30余年传统民间信仰发展的一个显著特征是信众群体的变化，即信众由原先以中老年人、妇女、文盲半文盲为主逐渐向不同性别、年龄、职业、文化水平和阶层的人员结构发展，信众结构复杂，呈多元化趋向。④民间信仰在商业、娱乐业、服务业等经济活动领域的繁荣状况空前。然而，出生于改革开放之后的新生代群体对于传统民间信仰的态度却总体趋于淡漠，这是一个值得关注的现

---

① 笔者调查访谈时，村民如是说。

② 大年初一早上涌进庙里烧头炷香、撞钟，向神佛祈求一年平安，已经超出其宗教含义，成为百姓过年的习俗之一。于是，年初一凌晨，涌往寺庙的人群，形成了一个庞大的烧香市场，许多庙宇便公开拍卖“头炷香”。从近几年来看，头炷香拍卖成交价在数万元至百万元不等。

③ 笔者进行田野调查时，访谈对象如是说。

④ 刘大可：《传统与变迁：福建民间信仰世界》，北京：社会科学文献出版社2011年版，第258页。

象。究其原因，一方面是“80 后”、“90 后”都较为系统地接受了现代文明思想的熏陶，学校教育中偏重现代科学理性而普遍轻视传统文化的传播对他们产生了深刻的影响，以至于他们对传统文化不理解，于是就对传统信仰习俗产生某种“天然的偏见”。调查中，有不少年轻人直言不讳地说：“都到 21 世纪了，还搞这些封建迷信的东西。”即使被长辈要求参加清明祭祖等活动，也会持不耐烦或不以为意的态度。[①] 另一方面，我们也要注意到，近 30 年我国的传统民间信仰习俗总体上还处于复苏时期，无论是信仰仪式活动，还是道德教化方式、传播方式都谈不上创新和变化，缺乏现代气息，对充满现代意识和“游戏精神”的年轻人显然不具有吸引力。笔者对浙中、浙南地区进行考察时也发现有一些农村里的年轻人因求职受挫、事业不顺、家庭变故或家庭信仰传统的影响加入了民间信仰队伍，有的还成为村庙管理组织的主要成员或信仰活动的骨干，但总体来看，人数在减少，且信仰热情和投入程度与中老年群体相比，差距较为明显。在浙南山区某偏远乡村，已传承了 400 余年并被列入了市级“非遗”项目的游神巡境活动，这些年参与的人数也呈现出下降趋势，甚至出现因男青年不愿参与而只好雇用民工或改由妇女抬神出游的现象。另据林国平先生在闽东南地区的调查，也有类似情况。因此，随着熟悉民间信仰又乐于参加民间信仰活动的老年人的逐渐退出，支撑民间信仰的中坚力量在减弱，传统信仰习俗和民俗文化传承面临后继无人和整体断裂的威胁。

---

① 如笔者在调查中有些受访的年轻人说：“人都死了，还有什么好祭的?”有的说：“（清明祭祖）本来不想去的，父母叫了就去一下吧。”

（四）文化消费的娱乐化倾向与传统民间信仰神圣性的消解

图 10－6　低俗表演团体扎堆新洲传统庙会

［据荆楚网消息（《楚天金报》）：新洲传统庙会花朝节正式开幕当日，一些低俗表演团体竟安营扎寨“唱大戏”，让人大倒胃口。在新洲大桥桥下的干涸河堤上，大量外地歌舞团和马戏团在此安营扎寨。记者走进最靠桥边的红太阳歌舞团，一进帐篷，扑面而来的是一股热浪，舞台上 4 名衣着暴露的女子扭动着身体。随后，记者在其他 3 家所谓的歌舞团看到，除个别还有魔术表演外，全部都是低俗的色情表演。］（图文来源：荆楚网《楚天金报》，2009－03－12）

民间信仰是普通百姓日常生活化的产物，信仰行为和仪式所表达的都是广大乡民生活中的种种美好意愿。从岁时节庆、婚丧嫁娶、禳解治病到庆祝丰收、祈求风调雨顺等乃至政治生活、军事斗争，几乎无所不在、无所不包。民间信仰对于促进天人和谐、调适个人心理、促进道德教化、整合社会秩序等有积极作用。同时，在我国传统乡村社区自古就有“歌舞媚神”、“演戏酬神”的风俗，与各种祭祀活动相结合，这对于促进人际交往、人神沟通和愉悦民众身心的作用也不可小视。特别是对于当下残缺不全的农村文化生活来说，更是起到了重要的弥补作用。也正因为民间信仰活动娱神娱人的功能，其在传统农村社区中受到了人们的广泛欢迎。但娱乐是有限度的，过度娱乐化意味将会消解掉我们所期待的效果。“崇德敬祖”是民间信仰文化的核心精神，广大民众参与民间信仰活动，也正是希冀神明生前高尚的品行永远不死，焕发出与民同在、亘古不逝的道德神圣性，并使自身获得庇护赐福。反观当下，“我们正处在娱乐至死的时代，一切事物似乎都可以被娱乐化、轻松化、戏剧化”①。举办民间信仰活动时，一些策划者们或为谋利，或为迎合，或为屈从，“创新意识”得到充分张扬，民间信仰也因现代艺术手段的充分使用而变得更加绚丽多彩，或因种种低俗化、庸俗化、媚俗化的表演而只为博得游客的一时欢笑，却未留下半点痕迹。凡此种种，都可能导致民间信仰由深刻变浅薄，使之与生俱来的神秘性和神圣性被消解，直至消失，到那时，信仰也将不复存在。

（五）政策环境的不确定性及其与民间信仰“欠合法性”存在的风险

在现实生活中，民间信仰代表着中国传统宗教信仰的世俗化倾向，反映了民间社会的生活方式和风俗习惯。特别是泛神崇拜、没有自己的系统化的仪式、经典、戒律以及严密的组织系统和制度，没有形成一个真正的利益共同体，不会直接对统治秩序和政权稳定形成较大的威胁的特点，是民间信仰有别于制度化宗教最突出的差异所在。正

① 朱四倍：《该让青少年和娱乐节目“绝缘”还是“结缘”？》，《大众科技报》，2010 年 11 月 9 日。

因为如此，民间信仰所营造和实践的多样性、宽容性的宗教环境和宗教文化，成为我国千百年来各种宗教、各种信仰，特别是外来宗教在中华大地上能够和谐相处、和睦共存的重要基础和传统。[①] 也正因为如此，历代统治者对祀典以外的民间信仰神祇及崇祀祭拜活动的态度总体来说都是比较暧昧的，大多采取了一种默认的方式。不仅如此，官方不断将一些民间神灵吸收进入国家祀典，实际上已经成为民众崇祀神灵的借口。民间信仰信众众多，特别是神诞日和春节期间前往庙宇祭拜者很多。其实，人们行香祈神，不但仪式简单，而且目的也很单纯，仅是了却一桩心愿的个人行为，“可以说是很正常的现象”[②]。至今，民间信仰尚未得到法律和政策的认可，地方政府和职能部门对其管理也具有较强的随意性，有时还将其视为封建迷信予以打压。为此，民间信仰一直在为争取合法身份而积极努力。近年来，一些颇具影响的宫庙经过长期不懈的努力投身道教、佛教门下以获取合法地位的事例时有发生。这种努力包括“神明”的制度化（将民间信仰的神明纳入道教或佛教的神祇体系），活动仪式的制度化（道教化或佛教化），神职人员与宫庙管理的制度化（将管理人员道士化或僧侣化以及与道教界或佛教界进行常态化的联系）。[③] 这种制度化结果其实与民间信仰自身特质及其应有归宿相悖，也必然会导致民间信仰政府管理的新困境。特别是近年来一些涉台、涉外的民间信仰出现制度化倾向或过热的现象，应该引起我们足够的警觉。

---

① 张剑：《关于我国民间信仰问题的理论政策思考》，《中国宗教》2007年第7期。

② 刘大可：《传统与变迁：福建民间信仰世界》，北京：社会科学文献出版社2011年版，第282页。

③ 参见刘大可：《传统与变迁：福建民间信仰世界》，北京：社会科学文献出版社2011年版，第247页。

二、传统民间信仰生态文化系统当代建构的路径选择

新中国成立以来，特别是改革开放 30 多年来中国社会现代化进程的推进给人们带来了巨大的福祉。同时，诸多社会问题的凸显也引发了人们对现代性的强烈反思。目前，中国社会物质领域的现代化发展迅速，而文化领域内的现代化发展却始终存在“文化堕距”①。民间信仰既是民俗文化的承载者，更是民俗文化的重要构成。在现代化、全球化的背景下，其文化生态也应当能够适时更新，在坚持开放性的同时，也不失其民族性，在经济社会发展的基础上，不断增强民族文化软实力，为营造中华民族共有精神家园、建设和谐社会而努力。

（一）实现现代价值转换，增强传统民间信仰文化的自适应力

社会现代化既是民族传统文化与现代社会不断分化的过程，也是传统文化面对现代化冲击而不断作出回应和自我更新的过程。

1. 重构民间信仰的文化内涵和载体

我国传统民间信仰与各大宗教一样普遍具有崇仁尚善济世养民的情怀，如推崇仁爱、贵生、行善、勤俭、助人、诚信、利他等思想，而且特别强调万物有灵、敬天法祖、和谐共生等传统文化观念。显然，传统民间信仰中所内含的这些生态伦理思想和道德主张在今天依然有其积极意义，无论是对于民众的教化还是社会的建设来说都是一份值得珍重的文化资源。从目前来看，关键是如何合理挖掘，科

---

① 转引自答小群：《社会主义宗教适应问题研究》，中央民族大学博士学位论文，2010 年，第 195 页。

学传播，实现传统信仰文化精神的时代化和大众化。为此，在对其进行文化内涵的整合与创新的过程中，除了充分彰显价值，将其与民众日常生活紧密联系之外，还应正确地处理好传统性、民族性与现代性、国际性的关系，合理扬弃，丰富发展。同时，还应注重传统民间信仰文化载体——礼仪的传承与创新。礼仪既是民间信仰文化的内容，也是民间信仰文化的载体，还是民间信仰文化传播和价值体现的重要平台。“无敬不成礼”，“敬”是民间信仰仪式的核心。着眼当下，礼仪的提倡与重建应当成为传统文化重建非常重要的方面。[1] 由于新中国成立以来民间信仰的全面断裂等多方面原因，致使当前民间信仰仪式或有礼不尊，或残缺不全，或形式陈旧，或过度娱乐化，内容乏善可陈。因此，民间信仰应贴近百姓现实生活，积极调适，综合创新，顺应人类文明发展趋向，在现实生活中体现自有价值。

图 10－7　清明节习俗

（中国的传统节日是民间信仰的重要表现形式，是民间信仰“崇德敬祖”这一核心精神的具体体现。在当下，应当做好传统节日精神文化内涵的解读与传播。）

① 刘梦溪：《传统文化重建的三条道路》，http：//www.china. com.cn/culture/guoxue/2010－04/08/content_ 19773416.htm，2010－04－08。

2. 完善自有组织和运行体系

民间信仰活动，特别是集体性的仪式活动有赖于相应组织的介入和推动。在非制度化的民间信仰中，其组织并不是由神职人员构成的，往往是由村落社区中较有影响力的村民组成的，是一个世俗性的民间组织。它对于村庙虽然没有架构性作用，但对于村庙建设和信仰活动的开展起着领导作用。[①] 在当下的传统农村社区中，民间信仰组织已成为重要的草根组织之一，并呈现出了相当程度的自治化发展态势。比如，在一些规模较大的村庙，村庙管理委员会（或理事会或老人协会）实际享有自主制定村庙章程、自主管理村庙内部事务和财产、接受社会捐赠、举行宗教仪式、确定村庙发展规划等权利。[②] 客观上，民间信仰组织的存在发展使民间信仰活动场所的管理有了初步的“方圆”与“规矩”，并推动着村庙及其信仰活动逐渐由复苏走向复兴。但庙宇的滥建、迷信活动的抬头、村庙的财务不清以及据庙敛财等现象的时有发生又成为困惑人们的一个突出的问题。借鉴现代组织管理模式，按照决策民主化、管理制度化要求完善民间信仰组织架构和管理体系应当是实现民间信仰良性发展的内在要求。笔者在调查中发现，浙闽等地一些乡村民众在村庙管理实践中探索形成的看似草根的经验，有其借鉴意义。如位于浙南山区的植碧殿，影响方圆数十里，日常香火旺盛，村庙理事会由周边村落中有号召力的虔诚信众 20 余人组成，建有章程并形成了自己的一些行之有效的运作方式：殿里的“功德箱”开启要有理事 3 人以上在场，并做到日清月结；来往票据要有 3 人以上签字才可入账；每年要接受镇审计所的审计，审计结果及

① 参见甘满堂：《村庙与社区公共生活》，北京：社会科学文献出版社 2007 年版，第 98 ~ 99 页。

② 张祝平：《民间信仰发展面临的挑战与选择》，《中国民族报》，2011 年 8 月 9 日。

时公布；还制定了村庙夜间巡逻值班等制度。这些做法对于促进庙宇管理、提升庙宇形象、维护地域和谐、增强信众情感等都起到了较好的作用。

3. 服务社会事业发展

济事利人、服务社会是中国传统文化的重要内容，也是民间信仰的优良传统。赈灾济困、修路铺桥历来是民间善举，积德行善、为国为民也一直为广大信众所实践和传承。据笔者对浙中、浙南两地村庙的考察，但凡在当地有一定影响的庙宇，每年都会在香火钱收入中确定一定的比例（通常是5%～10%）用于赈灾济困、修路铺桥等公益慈善事业；大多数信众尽管家庭生活并不宽裕，但凡遇到“可怜之人”、“可怜之事”都会解囊相助。但我们也看到，一些信众对于村落庙宇修建及民间信仰事务有百般的热情，而对于村落中的公共事务却少有过问；特别是有些乡村，气势磅礴、金碧辉煌的庙宇却映衬着常年失修的学校、破损的道路、残缺的文化设施，形成强烈反差。目前，不少庙宇香火旺盛、捐助者颇多，收入可观，需要妥善引导。事实上，广大信众给各庙宇捐助功德款项也可以看成是一种聚集经济现象，信众们通过庙宇将各自捐助的“善款”集中起来服务社会，就会产生聚集经济效益，也就可以更好地促进公益和减少灾难，真正实现“功德”的本质，满足信众的意愿。因此，乐善好施、服务社会是民间信仰求得发展的必然。只有这样，才能回归本质，赢得信众和社会认可。

（二）坚持引导与依法管理并重，科学定位政府角色

历史经验表明，对民间信仰和民俗文化引导、管理得当，注意尊重和保护民众的健康信仰和文化权益，社会就会和谐稳定，凝聚力、向心力就会增强；反之，就会激化矛盾，造成社会冲突，甚至动荡不安。对于宗教和人们信

仰宗教的问题，新中国成立后存在着许多不同的看法。李维汉提出的中国宗教所具有的群众性、民族性、国际性、长期性和复杂性，反映了包括民间信仰在内的中国宗教的基本社会属性，为许多人所接受。① 1993 年，江泽民同志就宗教问题强调了“三句话”，并在 1999 年中央民族工作会议上再次重申，这就是：“全面正确地贯彻执行党的宗教信仰自由政策，依法加强对宗教事务的管理，积极引导宗教与社会主义社会相适应。”② 这“三句话”确立了新的历史条件下我国宗教工作的基本原则，指明了宗教工作的大方向。当然，也适用于民间信仰工作。其中，依法加强对宗教事务的管理，本身就包含了保护和限制两方面，是全面正确贯彻政策和积极引导的法律保证；积极引导宗教与社会主义相适应则是全面正确贯彻政策与依法加强管理的根本目的。③ 我们完全可以相信，在党的宗教政策的指引下，传统民间信仰这一重要的本土性信仰文化资源一定能够与社会主义建设相适应，一定能够在政府与法律的保护下健康地存在和发展。

改革开放以来，政府职能的一个重要转变就是从社会管制转为社会服务。目前，政府在民间信仰事务的管理上已经逐步从直接管理转化为公共服务，这从近年来民间信仰场所举行大型活动时政府职能部门积极参与公共秩序维护、主动引导民间信仰与宗教旅游和休闲娱乐相结合等就略见一斑。政府职能的这种积极转向，将民间信仰活动作为丰富群众文化生活以及区域经济活动的重要平台，并将

---

① 王晓朝：《宗教学基础十五讲》，北京：北京大学出版社 2003 年版，第 319 页。

② 转引自叶小文：《世纪之交宗教工作的回顾与思考》，《光明日报》，2000 年 5 月 17 日。

③ 王晓朝：《宗教学基础十五讲》，北京：北京大学出版社 2003 年版，第 330 页。

可能产生的社会矛盾进行事前预案，有效地实现了管理重心的前移，实践表明已收到了应有的积极效果。同时，对于民间信仰组织要求参与社会公益性服务的热情，只要合理、合法，政府应将其与普通民间组织同等对待，由控制改为支持、服务，为其广拓渠道，并提供信息，使其可以顺利开展慈善服务和公益事业。

民间信仰与其他传统文化形式一样，自有其消极的因素，有时甚至会被放大。着眼当下，民间信仰价值彰显与陋俗复燃并存，在局部区域甚至与社会主义和谐文化极不相容。这也表明，单纯依靠民间信仰的自适应来达到与现代社会的适应，显然存在某些困难。“该政府担当的必须担当”，民间信仰怎么与民众的需求相联系，怎么体现“以人为本”，怎么更好地在公共文化服务方面发挥更大的作用，这应是和谐文化语境下，政府担当民间信仰管理职责需要解决的问题。政府在民间信仰文化生态系统的调适中，应坚持以引导、宣传、教育和法律监管为主，绝不能越俎代庖，代为管理。通过必要的引导，民间信仰组织可以提高自身的管理水平，自觉摒弃陈规陋习，提升其道德教化和伦理规范水平，使信众群体更好地融入现代文明，同时也使民间信仰得以更好地服务社会。在广大农村地区，信众遍布，政府应进一步发挥民间信仰组织及相关人士的积极作用，引导民间信仰及广大信众以更大的热情投身于社会主义和谐新农村建设。

依法治理是现代社会的主要特征，也是宗教工作的基本经验和主要原则。自 1991 年中央明确提出“加快宗教立法”以来，国家出台了一系列的相关行政法规和部门规章，一些省市也相继出台了有关宗教问题的地方法规、规章。但由于行政法规、地方性法规、部门规章与地方政府规章的法律层级相对较低，还不能适应处理现实宗教生活中各种复杂问题的需要，特别是对于一些重要问题，如民间信仰的归属与管理问题等没有明确。因此，制定出台一部较为系统周密的《宗教法》，对我国宗教信仰（包括民间信仰）的合法性、长期性、活动场所、财产登记、仪式活动、神职人员的权利义务、教育培训、公共服务以及境内外文化交流等作出规定，应是大势所趋。这样，可以使民间信仰有“名分”，“回归本位”，也可以同其他制度化的宗教一样有组织可管，有章可循，有法可依。

（三）多元交融、和谐共生，重建宗教文化生态

民族认同的核心在于其文化，而宗教文化又是民族文化的重要体现。面对西方文化的强势输入，着眼于国家文化安全，我们“要全面认识祖国传统文化，取其精华，去其糟粕，使之与当代社会相适应，与现代文明相协调，保持民族性，体现时代性”①。

1. 坚持多元共生、和谐共进的文化发展理念

和谐共生是中国传统文化的基本精神之一。长期以来，儒、释、道三家对和谐共生的理念都有过深刻的阐释，将互通、共融、和谐、共进当作一种重要的价值取向和审美追求而积极倡导，并与其他不同地域、不同思想流派各具特色的文化在大一统的政权干预下彼此认同、相互影响、和睦共处，构成了具有内在统一性的文化共同体。在中国历史上，佛教、基督教、伊斯兰教等外来宗教，它们都能相容于中国文化的背景之下，形成多元共生的宗教生态模式，体现了中华文化的和谐与包容。这种海纳百川、有容乃大的文化发展观，其实也是保持民族文化先进性的重要条件。放眼未来，我们应该将宗教信仰自由作为公民的基本权利进一步加以重视，给民间信仰以基本的认同，并与

---

① 胡锦涛：《要全面认识传统文化　取其精华去其糟粕》，http：//www. chinanews. com/cul/news/2007/10－15/1049050. html，2007－10－15.

其他宗教一样平等对待。

2. 注重文化传承与更新，提升传统信仰民俗的文化影响力

“在迅速实现现代化的社会里，如果传统宗教不能适应现代化的需要，西方基督教和伊斯兰教就会有传播的潜力。”① 事实表明，在我国，传统信仰及仪式破坏严重同时也恢复迟缓的地方，恰恰是外来宗教或非法宗教迅速传播且信众集中的地方，而传统民间信仰及仪式恢复得比较快和完整的地方，外来宗教的渗入则要困难得多，信仰外来宗教的人数相对也要少一些。由此，可以作出这样的初步判断：近现代以来，我国传统民间信仰习俗的逐渐断裂与缺失应该是基督教等外来宗教在乡村迅速传播的一个重要原因。“要恢复和发展中国模式的宗教生态，必须在新的历史条件下全面复兴中华民族的优秀文化，包括各种健康的宗教文化，使之各得其所。”② 无论政府部门的引导还是传统信仰习俗自身都应积极适应当代人类文明发展趋向，适时进行自我更新和调适，建构传统民间信仰文化新的生态模式，以增强其文化影响力。

3. 促进文化交融，努力实现外来文化本土化

比附、迎合与拒斥、容纳是外来宗教初传于中国时所出现的两种不同的文化心态。③ 外来宗教初传于中国时，为了能生根于中国的土壤，对中国传统文化和民俗信仰多采取了迎合、比附的姿态。而中国本土的信仰和文化在外来宗教文化不断渗透和传播的过程中，其态度或拒斥或容纳，

① ［美］塞缪尔·亨廷顿著，周琪等译：《文明世界的冲突和世界秩序的重建》，北京：新华出版社 2002 年版，第 54 页。

② 牟钟鉴：《宗教文化生态的中国模式》，http：//theory. people. com. cn/BIG5/49157/49165/8993014. html，2009 - 03 - 19。

③ 戴康生、彭耀主编：《宗教社会学》，北京：社会科学文献出版社 2007 年版，第 232 页。

表现出了较为复杂的心态。比如，佛教在我国传播和被民众接受的过程即是如此：人们坚持了中国传统文化的主体性，对佛教文化进行创造性阐发，最终把它纳入本土文化的框架之中，实现了外来文化的本土化创建与融合。

其实，所谓的本土化也是相对而言的，任何文化都是在不断吸收外部文化的过程中得以建构和发展的。从这个意义上说，促进多元文化的交融是实现文化本土化的必由之路。当然，实现文化的良性交融，需要建立在文化自觉的基础上，表现为本土文化要不断从外来文化中吸取有益于自身发展的、符合时代特征和民众诉求的要素。换言之，本土信仰文化对外来宗教文化的拒斥与接纳，并非无原则地把一切宗教或宗教的一切方面都或排斥或纳入本土信仰文化的整体架构中，应当是审慎而有选择的。

第十一章　生态文明时代民间信仰的生态保护实践①

生态问题是一种跨学科领域的人类与自然的命运考辨。“在现代，人类改造其环境的能力，如果明智地加以使用的话，就可以给各国人民带来开发的利益和提高生活质量的机会。如果使用不当，或轻率地使用，这种能力就会给人类和人类环境造成无法估量的损害。在地球上许多地区，我们可以看到周围有越来越多的说明人为的损害的迹象。”② 伴随着对 300 多年来工业文明功过的反思，当代社会对于体现人类生存框架的人类生活方式及生存活动给予生态环境的种种影响的反省也随之而起。由于现代人类的活动逐渐渗透到所有的生态系统中，生态学领域的研究逐渐从生物与生物、生物与环境之间的相互关系，转向了人与非生物环境、生物环境与社会环境之间的相互关系，几乎扩展到人类社会所有的重大问题上，明显具有朝向人类生态学转变的趋向。③

从生态文化的视角关照民俗文化，传承于我国民间数千年的信仰民俗最能体现人类与大自然之间与生俱来、密不可分的精神关联。源于人类对大自然的生存体悟，图腾崇拜和精神畏惧而衍生的民间信仰习俗，由于其中蕴含着深刻的生态伦理思想及其与当今生态环境保护需求的某种

---

① 据《传统民间信仰的生态蕴涵及现代价值转换》一文修改。原文刊载于《广西民族研究》2010 年第 3 期。

② 参见《联合国人类环境宣言》，http：//www. nbh. gov. cn/ReadNews. Asp? BigClassID = 11&ID = 52，2005 - 10 - 14。

③ 陈霞：《宗教与生态学的对话》，《世界宗教研究》2004 年第 4 期。

契合，必然会为人类生态学的研究提供许多启示，并对整个生态文化系统的形成、推演和发展产生不可低估的建构和影响作用。

一、民间信仰的生态关照

民间信仰主要是指在长期的历史发展中，广大民众自发产生的有关神灵崇拜的观念、行为、禁忌、仪式等信仰习俗惯制，也称信仰民俗。从生态学的视角关照我国传统民俗文化，信仰民俗最能体现人类与大自然之间与生俱来、密不可分的精神关联。[①]“凡居民材，必因天地寒暖燥湿，广谷大川异制。民生其间者异俗。”[②] 由于不同生存区域自然地理条件的差异，民众的经济活动、社会交往及生活方式等也因地而异。“靠山吃山，靠水吃水。”处于不同的生境、从事不同生计的人类群体对自然环境的体悟与认知不同，决定了其各异的生存模式及发展与演变，并形成了不同民族与群体各异的自然生态观和民俗价值观。但从总体上看，我国传统的信仰民俗价值观念是极其重视人与自然的彼此交融、和谐相生与互利发展的。先民们的自然崇拜和原始朴素的生态意识在民间信仰的历史沿袭中得以保留，至今仍不同程度地左右着人们的思想和行为方式，成为支配当代民众物质生活和精神生活的重要因素之一。

图 11－1　庙宇中绿树掩映下的放生池

---

① 江帆：《生态民俗学》，哈尔滨：黑龙江人民出版社 2003 年版，第 227 页。

② 参见《礼记·王制》。

（一）民间信仰承袭了原始信仰“万物有灵”的朴素自然观

民间信仰作为一种广泛流传于民间社会的现象，是从史前延续到近现代，并在社会生活各方面发挥作用的活态宗教，[①]它具有原生性、地域性、多样性和历史传承性。在原始信仰中，举凡天、地、日、月、星、云、风、雹、雷、电、雨、虹、霞、山、石、河、湖、海、泉、火、动物、植物等，皆有神灵，都是人们崇拜的对象，充分体现出原始先民“万物有灵”的信仰意识与思维特征。自“绝地天通”以来原始的氏族—部落宗教发生了分化，一部分如天、地、日、月崇拜适应社会结构的剧变（阶级和国家的出现），演化成上层建筑的组成部分（在归属上成为统治者们的专利品，在功能上成为统治者控制社会的精神工具），演变成民族—国家宗教；另一部分则滞留在民间，成为民众的信仰。[②]在这些“民众的信仰”中，有着深厚传承根基的即是带有原始生态思维性质的

图 11－2　风水柱

① 在我国，民间信仰不仅仅是一种历史现象，它还是一种“活态”文化，是在社会生活各方面发挥作用的活态宗教。参见金泽：《能否和谐发展：民间信仰面临的挑战与选择》，《福建省社会主义学院学报》2006 年第 1 期；金泽：《民间信仰的聚散现象初探》，《西北民族研究》2002 年第 2 期。

② 金泽：《能否和谐发展：民间信仰面临的挑战与选择》，《福建省社会主义学院学报》2006 年第 1 期。

“万物有灵”观念，这种朴素的生态自然观也是后世信仰民俗传承的主要内容，对我国民间信仰的演化影响颇深。在我国的民间信仰传统中，几乎每类事物都有物神，有关的行事都要祭祀该神。如种田要祭稷神和土地，灾年还要驱旱魃、拜虫神；行水要祭龙王；上山采集和狩猎要祭山神；出海要祭海神……风神、雨神、虹神、雷公、电母，天象的万千变化，无不有神灵掌控。此外，还有树神、花神、桥神、宅神、门神、井神、灶神、厕神、栏神、檐神等，数不胜数。这些百物杂神大多没有宫庙寺宇，多数神灵也没有具体形象，在民间信仰意识中只是掌管某一种事物的神灵，对其的崇信和祭拜在很大程度上还保留原始时代的自然崇拜性质，具有原始朴素的生态自然观。

（二）民间信仰承载了儒、释、道“天人合一”的生态文化观

几千年来，尽管民间信仰从来没有被接纳为主流信仰，也很少通过文字进行传承，然而却依附中国传统的儒、释、道，并与之盘根错节，成为中国传统文化和民风民俗的一个重要组成部分。严格说来，中国历史上所有的信仰民俗都不过是中国文化的整体结构与基本精神在中国本土化信仰领域内的特殊表现形态。它存在于中国传统文化氛围中，受制于中国传统文化背景，认同中国传统文化的本体结构，体现中国传统文化的基本精神。只不过，它又是中国传统文化系统中具有鲜明特色的文化形态，具有相对的独立性。在“民众的信仰”与中国传统文化的冲突与融合之中，它不是消极地适应中国传统文化，而是积极地给传统文化以影响。[①] 从中国传统文化的最初形态来看，诸子百家尽管是获得独立发展的世俗文化流派，但是它们也承续了原始信

---

① 戴康生、彭耀主编：《宗教社会学》，北京：社会科学文献出版社2007年版，第231页。

图 11－3　月泉、月泉观音和游客系上的平安锁

仰的思想成果和思维结构。在我国传统的民间信仰意识中，人只是自然界中的一份子，只有与自然界融为一体，才能达到终极真理。人们把苍天大地当作生身父母，当作祖宗祖先，称作“皇天后土”，认为人是天地间的生灵，天、地、人共同遵循的“道路”就是“独立而不改，周行而不殆”的自然法则，如此才可以天长地久，国泰民安。老子所谓“人法地，地法天，天法道，道法自然”①，就是对古

① 《老子》第二十五章，转引自陈鼓应：《老子注释及评价》，北京：中华书局 1984 年版，第 452 页。

老民间意识中天人关系的集中概括。其实，在我国传统文化构成体系中，无论儒、释、道，就人与自然关系问题的认识上，都有其共有的中心理念——“天人合一”，其精神就是天人浑然一体，人天相爱，主张人类与自然应该相生相谐、互利发展。正如英国学者唐通所阐释的那样，“中国的传统是很不同的。它不奋力征服自然，也不通过研究分析理解自然，目的在于与自然订立协议，实现并维持和谐。……中国的传统是整体论的和人文主义的，不允许科学同伦理学和美学的分离，理性不应与善和美分离”[①]。这种生态文化观及其价值取向，对我国民间信仰文化的模塑具有重要的影响，并从不同层面一直规约和控制着广大民众的文化心理、行为方式和生活习俗。

（三）民间信仰内含了尊重自然、敬畏生命的生态道德观

敬畏、顺应、尊重、爱护自然，在我国传统民间信仰的价值体系中一直都是居于价值坐标中心地位的观念与取向。“我们祖先敬天畏地，一切取之于自然，所以对自然的一切都要感恩，于是天有天神，地有地神，家有家神，人人拜神祭祖，天地间的神祇保境安民，百姓得以安居乐业。”[②] 历代民众安身立命的民间信仰，反映了人们敬天、崇祖、感恩的内心祈愿，以及对现世生活的美好期望。尽管不同地域、不同民族的民俗文化生成的背景存在差异，但所有的人类群体在建构各自信仰民俗文化体系时，其价值取向却是相同或相近的。在民间信仰文化体系的建构过程中，民众对其生存没有价值关系的东西，从来都是漠不

---

① 转引自葛荣晋主编：《道家与现代文明》，北京：中国人民大学出版社1991年版，第257页。

② 参见《以真正清澈的态度看待民间信仰》，http://www.xin.sg/your-views/story.php?comment=187011，2009-09-24。

关心的。而对于与自身生存利害攸关的自然物和自然力，人们则普遍怀有敬畏的情感，并因此而演化出各异的崇拜形式，沿袭着大量带有生态维护性质的习俗和禁忌。比如，在我国西南一些地区，人们将村寨附近的山林、水塘视为“神山”、“神水”或风水之地，忌砍伐和污染；北方地区传统狩猎忌讳断群，忌捕杀怀胎、带仔的母兽及幼兽，每次围猎之后，都要放生一批；对青蛙、蟾蜍的崇信是具有南方区域生态特征的信仰民俗，江南一些地区民间将其视为“护谷神”，在浙江奉化的民间传统中就有农历五月初五拜“护谷神”的习俗……

图 11 -4　水神崇拜

（水神崇拜是民间信仰的重要内容之一，是一种植根于传统农业社会中的自然崇拜。农耕自然经济发展的重要时期，风调雨顺是人们最大的愿望。水神崇拜无论在官方还是民间都很盛行，主要表现在信仰对象十分广泛，信仰形式多种多样。尤其值得注意的是，在中国，从唐代开始，龙王崇拜逐渐兴起和普遍化，这对于中国民间信仰的发展产生了巨大影响。在客观上，水神崇拜对于水源保护和维护生态起到了积极的作用。）

民间信仰皆具“宗教性”与“世俗化”特征，在其形成之时就已经奠定了中国的文化传统，讲求实际，关注现实人生。“它可以满足人们求福、求禄、求寿、求子等现实需求，它就是那么功利主义，那么生活化，然而功利主义之外，它也离不开忠、孝、仁、义、信、礼等儒家思想精神。”[①] 中国传统文化的“贵生”观念以及对于人伦道德的推崇，一开始就是民间信仰的主要内容。“贵生”首先表现在对人之生命的珍视上，反对世人汲汲于外在名利的追逐而主张全身葆真，认为名利、天下都是身外之物，只有生命本身才是人之最为重要。其主要的原则是凡对于生命有害的事情都应制止，凡对生命有利的事情就去做 。“贵生”还意味着对一切生命的敬畏，不仅对人的生命，对其他动物和植物的生命，都应该保持尊重与敬畏之心。民间信仰与我国其他本土化宗教一样，认为生命是神圣的，“无论是天地的至灵——人类，还是遍布山川空间的禽兽鱼虫，它们的生命都是大自然的杰作，都是大道至德的显现。任何生命，在其孕育、诞生、生长及死亡的过程中，始终都充满了神圣的色彩”[②]。人们应当总是心怀着对生命的敬畏与热爱，从事着保护生命、善待自然万物的事业。

二、生态领域的民间信仰关怀

当下，累积了几个世纪的工业化和现代化所伴生的全球性生态灾难已经临近地球生态系统的承载阈限，在不断升级的所谓“现代化生活浪潮”之下，涌动着的是日益膨胀的反自然、反社会、反人类的倾向。人类若无对自身本质的深刻反省，没有对自己未来目标的合理选择，设计出无愧于人的本性的生产方式和生活方式，遵循自然进化的

---

① 参见《以真正清澈的态度看待民间信仰》，http：//www. xin. sg/your-views/story. php？ comment = 187011，2009 – 09 – 24。

② 张继禹、李远国：《道教重人贵生的理念》，http：//www. chinataoism. org/showtopic． php？ id = 1308&cate_ id = 501，2006 – 05 – 17。

规律进行目标自律，就不可能走出今天的生态困境。[①]“如果我们要挽救地球，围绕个人贪婪的经济学和以此为基础的社会制度必须要让位于更广泛的价值观和一套立足于与地球上的生命协调一致意义上的新的社会安排。”[②] 这在很大程度上取决于人类如何调整、端正自己的价值观和道德观，准确审视和理解精神的价值，有效挖掘地球生态系统中的精神资源。

近现代以来，生态文化理论的发展，使得人们不仅注意到精神文化与生态问题的表层关系，而且注意到表层下面掩盖的深层问题。“尊重生命”理论将人的道德范围从有感觉能力的动物扩大到所有生命物。[③]“大地伦理学”则将道德主体的范围从个体生命物扩大到生态系统，大地被看成人类生存的不可毁弃的整体系统。[④] 在现代生态学奠基者怀特看来，人类生态学主要受制于宗教对人性和命运的信仰，我们现有的科学和技术都有一点正统基督教傲视自然的味道，我

图 11－5　庙宇中的警示牌

① 江帆：《生态民俗学》，哈尔滨：黑龙江人民出版社 2003 年版，第 382 页。

② ［美］J. B. 福斯特：《生态与人类自由》，《每月评论》1995 年第 6 期。转引自鲁枢元、许国超：《艺术：精神生态的资源宝库》，《中国艺术报》，2007 年 12 月 4 日。

③ 王岳川：《深生态学的文化张力与人类价值》，《江苏行政学院学报》2009 年第 1 期。

④ 王岳川：《深生态学的文化张力与人类价值》，《江苏行政学院学报》2009 年第 1 期。

们所面临的生态危机不可能在其自身内部得到解决。因这问题本自源于宗教，所以弥补的方法也应该是宗教的。① 深生态学的出现是当代环境运动过程中一个非常重要的转折和主导力量。其思想不仅体现着现代生态观的纵深发展，而且反映了人类认识和把握人与自然关系的思维方式的转变，更形成了后现代生态文化观的重要基础。这种生态观强调以生态整体主义看待环境问题以及人与自然环境应和谐相处的理念，认为造成现代生态环境问题的根源在于文化危机，在于人类旧有的、不合理的价值观念、行为方式和社会文化机制。② 其创建者纳什认为新的环境主义者可以说都是“生态福音”的传播者。兴起于20世纪七八十年代的以保护环境、维护生态平衡、反对核试验和维护世界和平为中心的生态运动，也把生态当作宗教，甚至认为生态是我们这个时代的宗教。③

中国传统民间信仰蕴含着的“万物有灵”、“天人合一”、尊重自然和敬畏生命等丰富的生态哲学思想，无不体现出深生态学理念，与后现代“生态”世界观相互呼应。

图 11－6　水牛图腾

① Lynn White, “The Historical Roots of Our Ecological Crisis”, *Science*, 1967 (155): 1203－1207. 转引自陈霞：《宗教与生态学的对话》，《世界宗教研究》2004 年第 4 期。

② 薛勇民：《深生态学与哲学范式的转换》，《山西大学学报》（哲学社会科学版），2004 年第 5 期。

③ 陈霞：《宗教与生态学的对话》，《世界宗教研究》2004 年第 4 期。

正如有些学者指出的那样，后现代主义生态伦理观要解构的正是中国传统民俗信仰文化致力于批判的，后现代主义生态伦理观要建构的恰恰也是中国传统民俗信仰文化所要倡导和宣扬的。可见，对中国传统民间信仰文化具有生命力的内涵进行现代价值转换，不仅能够疗救工业时代的弊病，而且有利于建设更高程度的后现代文明。

图 11－7　花山壁画

（有学者把花山壁画作为“医源于巫”说的证据，认为它起初反映原始人的巫师祭水神与祈求生殖的生动场面，它是壮民祖先——骆越人的文化遗产。画面除人物外，还有狗、鸟、船、刀、剑、鼓等。其中心人物形象高大，占据画面中心地位，双手曲肘上举，两腿叉开，做蛙形，围绕着中心人物有数量众多的小人，半蹲式侧面，头形发式富有变化，场面宏大，画法朴实，蔚为壮观。画面中心人物蛙形人便是当时的巫师。他们举行这样庞大的祭祀是为了求水神保佑丰收和繁衍旺盛。）

首先，民间信仰的朴素自然观显现了幽远的生态意识。在“万物有灵”观念的影响下，信众认为通过讨好自然界的神灵，不仅可以得到与人类密切相关的自然物的好处，还可以与自然和睦相处。因此，他们产生了对自然的崇拜并举行各种祭祀活动。在有些传统农村社区至今还保留着神山神水的观念，赋予高山、树木、水源以灵性。这样一方面可以满足广大信众的崇拜，另一方面因敬畏而使得这些树木、山林、水源得以保护，在客观上也能有效避免或减少自然灾害，维持生态平衡。这种借助神祇力量强调保护森林、保护野生动植物和农作物的思想观念，对待神山、神树的做法，都体现出了一种基于认知基础上的道德情感。各种祭祀看似人神交流，事实上，其所要表达的正是人们对自然界的认知和感激之情，所要追求的正是人与自然物和谐统一的生态伦理境界，以及适于人类居住的林木茂密、飞禽走兽繁衍的秀美生态环境。①

其次，民间信仰的生态文化观及其价值取向反映出了深刻的生态理念。民间信仰承续了中国传统文化“天人合一”的思想精髓，认为万物有灵，“天地与我同根，万物与我一体”，众生平等，又相互联系、相互制约，并依靠大自然而生存；既然大自然给了生命赖以存在的环境，那么人类作为大自然的一分子，就应该顺应自然并融于自然。② 这种人与自然和谐相处的思想观念及其价值取向，建立在尊重自然规律的基础之上，自觉履行大自然道德监护者的责任，维护人与自然万物的共同利益。其中所隐含的生态价值观念，犹如一面镜子，折射出我们价值观的优劣，为我们提供了一个重新审视自身环境行为的参照系，有利于克

① 阿力：《乌江流域少数民族的生态伦理观》，http：//blog. sina. com. cn/s/blog_4a0bd627010007sl. html，2007－03－11。

② 马克林：《宗教的生态伦理思想及其现代意义》，《新疆社会科学》2003 年第1 期。

服人类中心主义的狭隘观念，树立人类自然和谐共处的生态整体主义意识，对于建立人与自然的新型生态关系，维护正常的生态环境具有现实意义。

再次，民间信仰的生态道德观在客观上为保护生态环境提供了可能。中国传统民间信仰内含尊重自然、敬畏生命、仁爱万物的宗教伦理思想，把自然万物都看成与自我、亲人同样重要的关爱对象，主张不为物役，节约用度，合理保护和利用自然；把仁慈与应果报应联系起来，认为系仁心于万物必有福报，而那些戕害生灵者必有恶报。[①] 这些思想观念与深生态学倡导的“除非为了满足生死攸关的需要，否则人类无权减少地球上生命的丰富性和物种的多样性”[②] 具有同样的作用，即不过分攫取自然，节制物质消耗。然而，深生态学只是把这样做的目的放到对生态系统的保护上，而中国传统民间信仰内含的生态伦理道德则更深邃地看到了物质生活的过度奢靡对人的道德品质的戕害，更具人本精神。面对人的物化和“道德迷失”，传统民间信仰的现代价值转换，对于唤醒现代公民的生态自觉，克服与现代工业文明并生的道德失范、人际失和、人伦失落等社会问题，以及整肃市场经济环境下熵化的社会秩序都具有独特的作用。[③]

三、倡导民间信仰介入现代环境运动

民间信仰的生态意识与当今生态环境保护理念的契合，

---

① 马克林：《宗教的生态伦理思想及其现代意义》，《新疆社会科学》2003 年第 1 期。

② 转引自王正平：《深生态学：一种新的环境价值理念》，《上海师范大学学报》（社会科学版）2000 年第 4 期。

③ 王书云、胡伟等：《中华传统文化的深生态学机理》，《河北理工学院学报》（社会科学版）2005 年第 1 期。

从一个侧面提供了我国民间信仰能够存在、发展的有力依据。在面临生态危机的今天，重视民间信仰中这些有利于保护生态环境的因素，充分发掘其潜能，应被看成发挥宗教积极因素的重要内容之一。

为此，国家在政策层面上应积极引导民间信仰为生态环境建设服务。在当下中国，发挥信仰民俗在环境保护中的积极作用是引导宗教与社会主义相适应这一宗教政策的具体体现，国家在加强民间信仰管理过程中有必要建立健全相应的政策，积极引导民间信仰为保护环境而努力。具体而言，一要完善制度，加强对民间信仰活动场所管理者、信仰活动的主要组织者以及骨干信众的指引，把传统民间信仰泛爱万物的观念引导到爱社会、爱生活、保护环境上来，把行善意识引导到为生态环境建设作贡献上来。二要依法管理，对于被列入文物保护单位或者位于风景名胜区内的寺庙宫观等信仰活动场所，宗教事务部门要指导和监督寺庙管理组织和管理人员精心保护，使之成为生态宜人的仙人胜境。有专家还提出，对于寺庙所得的布施收入，在政府主管部门和宗教组织的领导下，应当主要用于保护文物和环境，并可用一部分奖励在生态环境保护方面作出努力的庙宇管理人员。① 三要以理性的思维审视和探寻民俗生态价值观念，大力宣传有利于优化生态环境的民间信仰习俗及其文化精神。民间信仰存活于民间，贴近人们的生活，其中积极的生态观念一经科学阐释，就更便于传播，容易让更多的人接受。这样，既有利于引导广大信众正确认识和弘扬优秀的民族传统文化，也有利于引导广大信众自觉维护大自然的和谐，更好地实现其信仰追求。

更为重要的是，民间信仰应适时进行现代价值转换，

① 马克林：《宗教的生态伦理思想及其现代意义》，《新疆社会科学》2003 年第 1 期。

积极介入现代环境运动。20世纪60年代以来，西方的宗教界开始积极关注和回应生态问题，出现了宗教绿色化的趋势，用生态学观念重新阐释传统教义成为时尚，这为宗教在新时期的发展注入了活力。与以人类中心主义为主的西方宗教思想不同，我国的民间信仰天然地蕴含着丰富的生态内质以及保护生态环境的优良传统。但值得关注的是民间信仰中的生态意识虽然丰富，有益于生态环境保护，但大多都是被动的，于是这些有益于生态和谐的思想观念就不能充分发挥作用，只有变被动为主动，才能真正发挥好其在现代社会中的应有功能。人类社会在历经了原始文明、农业文明和工业文明之后，如今已迈入生态文明时代。这一新型的人类文明形态摒弃了人类是万物之灵，是可以主宰大自然的人类中心主义自然观，剔除了自然可无限开发的思想，转而认为人应与自然共存亡并成为自然的朋友，人类应在保护资源的前提下开发资源，环境问题应是人类共同的问题。① 在这一大的时代背景下，民间信仰应当积极介

08

浙江宗教

浙江省宗教界开展“寻梦中国·正言正行”主题教育实践活动

“五水共治·五教同行”公益活动签约仪式在杭举行

“五水共治·五教同行”宗教公益慈善活动倡议书

图11－8　浙江“五水共治、五教同行”宗教公益慈善活动倡议书

（倡议书发出后，得到了各民间信仰场所的积极响应。）

---

① 马克林：《宗教的生态伦理思想及其现代意义》，《新疆社会科学》2003年第1期。

入，主动进行现代价值转换，发挥好其中早已蕴含却被长期忽视的生态意义，引导和敦促当代社会民众摒弃破坏生态环境的陋俗，合理选择和优化营构与自然相生相谐，使人类可持续发展的生产、生活方式和价值理念深入人心。这是当今人类走出生态困境的重要选择，也将是我们需要长期面对的一个重大课题。

四、结束语

一方水土抚育一方文化，一方文化滋养一方生态。现实的严峻的生态环境危机表面上看起来是自然的危机，其本质是文化的危机、人的危机、社会危机、道德危机和精神危机，它不是或主要不是技术问题，而是源自心灵的或观念的问题，源自我们旧有的价值体系、生活生产方式，以及社会政治、经济的文化机制的不协同。化解危机需要进行一次文化性质的革命，即从工业文化向生态文化的转变。[①] 中国的民间信仰文化是人与自然环境相互作用的产物，是广大民众在长期与自然界交流过程中形成的相对稳定的文化心理、道德价值观、生活方式和行为准则。传统民间信仰以神灵的名义要求人们关心自然，将自然看作人类的朋友、亲人甚至祖先、保护神，主张合理利用自然资源，以此求得自然的庇护，达到人类与自然的和谐。这其中蕴含的生态保护思想，通过隐性制约或显性强制的方式体现在民众的信仰民俗文化中，虽然它不系统、未定型，属于低层次的生态意识，并且在动机上有很强的功利性，但是也在客观上起到了指引和调节人与自然之间关系的作用，有利于人类与自然的和谐共处，有利于维持生态平衡，

① 余谋昌：《环境问题的深层生态学思考》，《民主与科学》2007 年第 4 期。

促进社会可持续发展。当然，民间信仰文化中也存在着大量不合理的，甚至需要坚决抵制的不利于生态环境的恶风陋俗。这些需要我们在进一步的挖掘和梳理时加以仔细区分，使民间信仰文化乃至民俗文化在生态文明建设中发挥积极作用。

参考文献

1. ［法］孟德斯鸠著，张雁深译：《论法的精神》（上册），北京：商务印书馆 1963 年版。

2. ［法］爱弥尔·涂尔干著，渠东、汲喆译：《宗教生活的基本形式》，上海：上海人民出版社 1999 年版。

3. ［美］塞缪尔·亨廷顿著，周琪等译：《文明世界的冲突和世界秩序的重建》，北京：新华出版社 2002 年版。

4. ［英］弗雷泽（J. G. Frazer）著，徐育新等译：《金枝》，北京：大众文艺出版社 1998 年版。

5. ［法］帕斯卡尔著，何兆武译：《帕斯卡尔思想录》，天津：天津人民出版社 2007 年版。

6. 高丙中、纳日碧力戈：《现代化与民族生活方式的变迁》，天津：天津人民出版社 1997 年版。

7. 徐杰舜、周建新主编：《人类学与当代中国社会》，哈尔滨：黑龙江人民出版社 2003 年版。

8. 高有鹏：《庙会与中国文化》，北京：人民出版社 2008 年版。

9. 郭于华：《仪式与社会变迁》，北京：社会科学文献出版社 2000 年版。

10. 李琤编著：《庙会》，长春：吉林文史出版社 2010 年版。

11. 潘力峰主编：《丽水民俗活动大观》，北京：中国文史出版社 2010 年版。

12. 刘慧：《泰山庙会》，济南：山东教育出版社 1999 年版。

13. 王铭铭：《西方人类学思潮十讲》，桂林：广西师

范大学出版社 2005 年版。

14. [德] 海德格尔著，陈伯冲译：《建·居·思》，载杨永生、王伯扬主编：《建筑师》(47)，北京：中国建筑工业出版社 1982 年版。

15. [法] 列维－布留尔著，西由译：《原始思维》，北京：商务印书馆 1997 年版。

16. [奥] 西格蒙德·弗洛伊德著，王献华、张敦福译：《论宗教》，北京：国际文化出版公司 2001 年版。

17. [美] 戴安娜·克兰著，赵国新译：《文化生产：媒体与都市艺术》，南京：译林出版社 2002 年版。

18. 彭兆荣：《人类学仪式的理论与实践》，北京：民族出版社 2007 年版。

19. 牟钟鉴：《宗教文艺民俗》，北京：中国社会科学出版社 2005 年版。

20. 刘大可：《传统与变迁：福建民众的信仰世界》，北京：社会科学文献出版社 2011 年版。

21. 褚建芳：《人神之间：云南一个傣族村寨的仪式生活、经济伦理与等级秩序》，北京：社会科学文献出版社 2005 年版。

22. 甘满堂：《村庙与社区公共生活》，北京：社会科学文献出版社 2007 年版。

23. 王晓朝：《宗教学基础十五讲》，北京：北京大学出版社 2003 年版。

24. 戴康生、彭耀主编：《宗教社会学》，北京：社会科学文献出版社 2007 年版。

25. 江帆：《生态民俗学》，哈尔滨：黑龙江人民出版社 2003 年版。

26. 葛荣晋主编：《道家与现代文明》，北京：中国人民大学出版社 1991 年版。

27. 蔡志龙：《新农村文化散论》，北京：中国戏剧出版社 2012 年版。

28. 范正义:《民间信仰与地域社会——以闽台保生大帝信仰为中心的个案研究》,厦门大学博士学位论文,2004 年。

29. 刘锦春:《仪式、象征与秩序——对民俗活动“旺火”的研究》,南开大学博士学位论文,2005 年。

30. 骆建建:《归来之神:一个乡村寺庙重建的民族志考察》,上海大学博士学位论文,2007 年。

31. 岳永逸:《庙会的生产》,北京师范大学博士学位论文,2004 年。

32. 蒋烨:《中国廊桥建筑与文化研究》,中南大学博士学位论文,2010 年。

33. 答小群:《社会主义宗教适应问题研究》,中央民族大学博士学位论文,2010 年。

34. 李文慧:《民间信仰与村落关系》,山西大学硕士学位论文,2006 年。

35. 陈映婕、张虎生:《城市化进程中村落寺庙的复兴——浙中 H 村将军庙的个案研究》,《三峡论坛》2011 年第 4 期。

36. 王习明:《对农村民间信仰的几点思考——以关中等地农村老人“朝庙子”现象为例》,《中国宗教》2008 年第 2 期。

37. 何君:《村戏功能的延续与嬗变——以河北省易县 A 乡为例》,《民俗研究》2009 年第 3 期。

38. 杨利慧:《仪式的合法性与神话的解构和重构》,《北京师范大学学报》(社会科学版)2005 年第 6 期。

39. 高丙中:《社会团体的合法性问题》,《中国社会科学》2000 年第 2 期。

40. 吴彤:《两种“地方性知识”——兼评吉尔兹和劳斯的观点》,《自然辩证法研究》2007 年第 11 期。

41. 龙先琼、杜成才：《存在与表达——论地方性知识的历史叙述》，《吉首大学学报》（社会科学版）2008 年第 3 期。

42. 王建光：《张力与裂变：地方性视野中的庙会文化及其转型》，《华南农业大学学报》（社会科学版）2011 年第 3 期。

43. 金民卿：《全球化的文化效应与民族文化的发展前景》，《学术探索》2011 年第 2 期。

44. 高师宁：《艾弥尔·杜尔凯姆：宗教是社会的象征》，《中国民族报》，2011 年 8 月 2 日。

45. 郭红、莫鑫：《诺伯格－舒尔茨的场所理论评析》，《四川建筑》2004 年第 5 期。

46. 罗瑞宁：《城里“人”与“诗意的栖居”》，《广西大学学报》（哲学社会科学版）2011 年第 4 期。

47. 王虎学、万资姿：《分化与整合：现代社会的哲学诠释》，《山西师大学报》（社会科学版）2009 年第 4 期。

48. 郭景萍：《涂尔干——整合社会的集体感情研究》，《学术论坛》2006 年第 3 期。

49. 黎明洁、陈李君：《广西壮族“布洛陀”文化品牌发展探析》，《广西大学学报》（哲学社会科学版）2011 年第 5 期。

50. 陈金文：《非遗保护与民俗学研究间的理想关系及实际状况》，《河南社会科学》2009 年第 3 期。

51. 桂榕：《民族文化保护的人类学视野——兼谈相关人类学理念的中国本土化应用》，《湖北民族学院学报》（哲学社会科学版）2013 年第 1 期。

52. 张建军、汪俊：《村落仪式与乡土社会秩序建构——读刘晓春〈仪式与象征的秩序〉》，《社会科学论坛》2010 年第 12 期。

53. 杨敏：《明清传奇中的雷意象及其文化意蕴》，《戏曲研究》2003 年第 2 期。

54．高丙中：《精英文化、大众文化、民间文化：中国文化的群体差异及其变迁》,《社会科学战线》1996 年第 2 期。

55．纳日碧力戈：《各烟屯蓝靛瑶的信仰仪式、社会记忆和学者反思》,《思想战线》2000 年第 2 期。

56．金泽：《能否和谐发展：民间信仰面临的挑战与选择》,《福建省社会主义学院学报》2006 年第 1 期。

57．马莉：《中国民间信仰在现实中的生长力及文化价值初探》,《兰州学刊》2005 年第 6 期。

58．高师宁：《当代中国民间信仰对基督教的影响》,《浙江学刊》2005 年第 2 期。

59．刘厚金：《社区公共意识的培育及路径选择——以上海某社区为例》,《理论探索》2007 年第 1 期。

60．王浩林：《民间组织参与农村公共服务供给研究：一个社会资本的视角》,《特区经济》2012 年第 3 期。

61．周彩姣：《论民间组织与农村村民自治的发展》,《湖北社会科学》2009 年第 7 期。

62．赵琼：《宗教势力的发展对农村基层组织的影响及对策》,《科学与无神论》2006 年第 5 期。

63．徐云池：《农村社区组织行为研究》,《中国统计》1999 年第 7 期。

64．罗兴佐：《论民间组织在村庄治理中的参与及后果——对浙江省先锋村村治过程的初步分析》,《中国农村观察》2003 年第 5 期。

65．罗满妹：《农村民间组织的社区整合功能——基于国家与社会的关系视阈》,《湖南农业大学学报》（社会科学版）2008 年第 2 期。

66．张伟豪：《社会安全阀制度与信访问题处理机制探析》,《领导科学》2011 年第 6 期。

67. 万江红、张小玉：《我国民间组织在建构和谐社会中的社会功能探析》，《长沙民政职业技术学院学报》2006年第1期。

68. 康超、孟平：《农村宗教组织的变迁与乡村社会整合——以四川省Z县的一个村庄为例》，《牡丹江大学学报》2011年第3期。

69. 陈霞：《宗教与生态学的对话》，《世界宗教研究》2004年第4期。

70. 金泽：《民间信仰的聚散现象初探》，《西北民族研究》2002年第2期。

71. 鲁枢元、许国超：《艺术：精神生态的资源宝库》，《中国艺术报》，2007年12月4日。

72. 王岳川：《深生态学的文化张力与人类价值》，《江苏行政学院学报》2009年第1期。

73. 薛勇民：《深生态学与哲学范式的转换》，《山西大学学报》（哲学社会科学版）2004年第5期。

74. 马克林：《宗教的生态伦理思想及其现代意义》，《新疆社会科学》2003年第1期。

75. 王正平：《深生态学：一种新的环境价值理念》，《上海师范大学学报》（社会科学版）2000年第4期。

76. 王书云、胡伟等：《中华传统文化的深生态学机理》，《河北理工学院学报》（社会科学版）2005年第1期。

77. 余谋昌：《环境问题的深层生态学思考》，《民主与科学》2007年第4期。

后 记

我对中国民间信仰问题的关注已经有几年的时间了，在此期间写了一些文字，主持了国家社科基金项目和承担浙江省哲学社会科学规划多项课题的研究工作，并非常荣幸地参加了两次由国家宗教局主要领导主持召开的民间信仰工作座谈会，收获不少。更重要的是，这几年来，众多专家和领导对我研究工作的关心、支持和鼓励，使我增添了对民间信仰问题进行研究的信心和动力。本书是我这些年来所写文字的一些总结，都是田野调查和课题研究的一些成果，多数都已公开发表，在此，我进行了重新的整理，在内容上做了加减法，特别是增加了我田野调查的一些图像资料，并做了或详或简的注解，期望能对我国的民间信仰现象做一个更直观的展现。在本书即将修订完成之时，又应邀参加了浙江省民宗委主办的“民间信仰与社会治理”研讨会。会议在浙江嘉兴王江泾镇召开，会时正逢王江泾镇举办“中国·江南网船会”。“中国·江南网船会”据说是我国唯一的水上庙会，源于当地百姓对元末除蝗救灾英雄刘承忠将军的祭祀，又称“刘王庙会”，影响广泛，现已入选国家非物质文化遗产项目。在研讨会中，我非常荣幸地与中国社科院卓新平所长，陈进国、李志鸿博士，华东师大李向平先生及省内的知名专家共十多人进行了交流探讨，获益颇丰，不仅再一次直观感受到庙会这一传统民间信仰仪式的热闹欢腾和丰富内涵，而且进一步开阔了视野，增长了学识。

中国的民间信仰所体现的是老百姓的一种简单朴素的情感，即对自然、祖先和英雄人物的敬畏，感恩、反思、

祈福是其重要的情感内涵。观察“中国·江南网船会”，数百年经久不息，并在现代乡村社会变迁中，较好地实现了农耕文明与工业文明的融合、政府主导与各民间组织参与的融合、庙会仪式传承与精神文化品格提升的融合、神圣性与世俗性的融合、文化经济化与经济文化化的融合，已成为地域性的文化标记，形成了地域内文化、经济、社会、生态的良性互动，事实上已构成地域社会治理不可或缺的文化元素。

推进政府治理走向政府管理，对于民间信仰而言，重在“还俗于民”，即让民间信仰回归民间。当然，民间信仰作为传统社会的产物，自然有它与现代文明不相适应，甚至阻滞现代文明发展的因素。这一方面民间信仰同其他传统文化形态一样，有其自身生存与消亡的机制，在历史的进程中也在不断地进行自我调适、淘汰和选择；另一方面，创新社会治理，做好民间信仰工作，政府自然也是责无旁贷的，但重在引导，要“聚焦于激发社会组织活力、预防和化解社会矛盾、健全公共安全体系”，特别是要用法治思维和法治方式化解社会矛盾。

随着我对现代化进程中的民间信仰和乡村社会关系考察的越加广泛和深入，特别是对民间信仰与乡村社会普通百姓日常生活的体悟，我越加深切地感受到了中国民间信仰的意义和存在空间，并也时时有所忧虑，民间信仰该以何种面貌与现代社会文明相融合，或以何形式的文明形态来取代民间信仰在乡村民众中的精神空间？这确实需要我们好好思考。

感谢给予过我鼓励和帮助的学界友人，感谢在各地调查访谈中给予支持和热情配合的民宗部门领导、乡（镇）村干部和广大乡村民众，感谢蔡志龙先生、陈春伟先生、朱汉平先生等为本书提供的部分图片，感谢与我同甘共苦的亲人，感谢暨南大学出版社陈绪泉先生为本书出版付出的努力。本书的出版得到了浙江省“之江青年社科学者”资助计划的支持，得到了杭州市社会科学院出版资金的支持，在此一并致谢!

张祝平

2014 年 3 月 31 日